法律法规大字实用版系列

中华人民共和国
劳动法

·大字实用版·

法律出版社法规中心 编

法律出版社
LAW PRESS·CHINA
北京

图书在版编目(CIP)数据

中华人民共和国劳动法 : 大字实用版 / 法律出版社法规中心编. -- 北京 : 法律出版社, 2023(2025.9 重印)
(法律法规大字实用版系列)
ISBN 978 - 7 - 5197 - 7854 - 5

Ⅰ. ①中… Ⅱ. ①法… Ⅲ. ①劳动法 - 中国 Ⅳ. ①D922.5

中国国家版本馆 CIP 数据核字(2023)第 071162 号

中华人民共和国劳动法(大字实用版)
ZHONGHUA RENMIN GONGHEGUO LAODONGFA (DAZI SHIYONGBAN)

法律出版社法规中心 编

责任编辑 张红蕊
装帧设计 汪奇峰

出版发行 法律出版社
编辑统筹 法规出版分社
责任校对 冯高琼
责任印制 耿润瑜
经　　销 新华书店

开本 A5
印张 4.75　**字数** 124 千
版本 2023 年 6 月第 1 版
印次 2025 年 9 月第 10 次印刷
印刷 三河市兴达印务有限公司

地址:北京市丰台区莲花池西里 7 号(100073)
网址:www.lawpress.com.cn
投稿邮箱:info@lawpress.com.cn
举报盗版邮箱:jbwq@lawpress.com.cn
销售电话:010 - 83938349
客服电话:010 - 83938350
咨询电话:010 - 63939796

书号:ISBN 978 - 7 - 5197 - 7854 - 5
定价:20.00 元

编辑出版说明

“法者，天下之准绳也。”在法治社会，人们与其生活的社会发生的所有关系，莫不以法律为纽带和桥梁。人与人之间即是各种法律关系的总和。为帮助广大读者学法、知法、守法、用法，我们组织专业力量精心编写了“法律法规大字实用版系列”丛书。本丛书具有以下特点：

1. 专业。出版机构专业：成立于1954年的法律出版社，是全国首家法律专业出版机构，有专业的法律编辑队伍和标准的法律文本资源。内容专业：书中的名词解释、实用问答理据权威、精准专业；典型案例均来自最高人民法院、最高人民检察院发布的指导案例、典型案例以及地方法院发布的经典案例，在实践中起到指引法官“同案同判”的作用，具有很强的参考性。

2. 全面。全书以主体法为编写主线，在法条下辅之以条文主旨、名词解释、实用问答、典型案例，囊括了该条的标准理论阐释和疑难实务问题，帮助读者全面构建该条的立体化知识体系。

3. 实用。实用问答模块以一问一答的方式解答实务中的疑难问题，读者可按图索骥获取解决实务问题的答案；典型案例模块精选与条文密切相关的经典案例，在书中呈现裁判要旨，读者可按需扫描案例二维码获取案例全文。

4. 易读。采用大字排版、双色印刷，易读不累，清晰疏朗，提升了阅读体验感；波浪线标注条文重点，帮助读者精准捕捉条文要义。

书中可能尚存讹误，不当之处，尚祈读者批评指正。

法律出版社法规中心

2023 年 6 月

目　录

中华人民共和国劳动法

中华人民共和国劳动法

1994年7月5日第八届全国人民代表大会常务委员会第八次会议通过

根据2009年8月27日第十一届全国人民代表大会常务委员会第十次会议《关于修改部分法律的决定》第一次修正

根据2018年12月29日第十三届全国人民代表大会常务委员会第七次会议《关于修改〈中华人民共和国劳动法〉等七部法律的决定》第二次修正

第一章 总 则

◆ 第一条 立法目的*

为了保护劳动者的合法权益，调整劳动关系，建立和维护适应社会主义市场经济的劳动制度，促进经济发展和社会进步，根据宪法，制定本法。

实用问答

劳动制度主要包括哪些内容？

答：劳动制度主要包括用人制度、就业制度、工资分配制度、社会保险制度、职业培训制度、劳动安全卫生制度等。

◆ 第二条 适用范围

在中华人民共和国境内的企业、个体经济组织（以下统称用人单位）和与之形成劳动关系的劳动者，适用本法。

国家机关、事业组织、社会团体和与之建立劳动合同关系的劳动者，依照本法执行。

---

* 条文主旨为编者所加，下同。

名词解释

个体经济组织，是指雇工在7人以下的个体工商户。

实用问答

哪些人员不适用《劳动法》[1]？

答：根据劳动部印发的《关于贯彻执行〈中华人民共和国劳动法〉若干问题的意见》第4条的规定，公务员和比照实行公务员制度的事业组织和社会团体的工作人员，以及农村劳动者（乡镇企业职工和进城务工、经商的农民除外）、现役军人和家庭保姆等不适用《劳动法》。

◆ 第三条 劳动者的权利和义务

劳动者享有平等就业和选择职业的权利、取得劳动报酬的权利、休息休假的权利、获得劳动安全卫生保护的权利、接受职业技能培训的权利、享受社会保险和福利的权利、提请劳动争议处理的权利以及法律规定的其他劳动权利。

劳动者应当完成劳动任务，提高职业技能，执行劳动安全卫生规程，遵守劳动纪律和职业道德。

名词解释

劳动报酬，是指劳动者从用人单位得到的全部工资收入。

① 为便于读者阅读，本书中的法律、法规均省略“中华人民共和国”字样。

实用问答

1. 劳动报酬包括哪些内容？

答：根据《集体合同规定》第9条的规定，劳动报酬主要包括：（1）用人单位工资水平、工资分配制度、工资标准和工资分配形式；（2）工资支付办法；（3）加班、加点工资及津贴、补贴标准和奖金分配办法；（4）工资调整办法；（5）试用期及病、事假等期间的工资待遇；（6）特殊情况下职工工资（生活费）支付办法；（7）其他劳动报酬分配办法。

2. "法律规定的其他劳动权利"指的是哪些权利？

答："法律规定的其他劳动权利"是指劳动者依法享有参加和组织工会的权利，参加职工民主管理的权利，参加社会义务劳动的权利，参加劳动竞赛的权利，提出合理化建议的权利，从事科学研究、技术革新、发明创造的权利，依法解除劳动合同的权利，对用人单位管理人员违章指挥、强令冒险作业拒绝执行的权利，对危害生命安全和身体健康的行为提出批评、检举和控告的权利，对违反《劳动法》的行为进行监督的权利等。

◆ 第四条　用人单位的义务

用人单位应当依法建立和完善规章制度，保障劳动者享有劳动权利和履行劳动义务。

◆ 第五条 国家责任

国家采取各种措施，促进劳动就业，发展职业教育，制定劳动标准，调节社会收入，完善社会保险，协调劳动关系，逐步提高劳动者的生活水平。

名词解释

调节社会收入，是指国家通过宏观调控措施调节全社会收入的总量以及不同地区、不同部门、不同单位、不同人员之间的收入关系。

实用问答

国家为什么要调节社会收入？

答：国家调节社会收入的目的是使全社会个人收入总量在国民收入中保持合理的比重，保证社会公平，促进社会进步。

◆ 第六条 国家倡导和鼓励

国家提倡劳动者参加社会义务劳动，开展劳动竞赛和合理化建议活动，鼓励和保护劳动者进行科学研究、技术革新和发明创造，表彰和奖励劳动模范和先进工作者。

◆ 第七条 参加和组织工会

劳动者有权依法参加和组织工会。

工会代表和维护劳动者的合法权益，依法独立自主地开展活动。

名词解释

工会，是中国共产党领导的职工自愿结合的工人阶级群众组织，是中国共产党联系职工群众的桥梁和纽带。

实用问答

工会的职责主要有哪些？

答：结合《工会法》的相关规定，工会的职责主要包括以下几个方面：（1）企业、事业单位、社会组织违反职工代表大会制度和其他民主管理制度，工会有权要求纠正，保障职工依法行使民主管理的权利。（2）工会帮助、指导职工与企业、实行企业化管理的事业单位、社会组织签订劳动合同。（3）企业、事业单位、社会组织处分职工，工会认为不适当的，有权提出意见。（4）企业、事业单位、社会组织违反劳动法律法规规定，有克扣、拖欠职工工资，不提供劳动安全卫生条件，随意延长劳动时间，侵犯女职工和未成年工特殊权益以及其他严重侵犯职工劳动权益的情形的，工会应当代表职工与企业、事业单位、社会组织交涉，要求企业、事业单位、社会组织采取措施予以改正；企业、事业单位、社会组织应当予以研究处理，并向工会作出答复；企业、事业单位、社会组织拒不改正的，工会可以提请当地人民政府依法作出处理。（5）工会依照国家规定对新建、扩建企业和技术改造工程中的劳动条件和安全卫生设施与主体工程同时设计、同时施工、同时投产使用进行监督。对工会提出的意见，企业或者主管部门应当认真处理，并将处理结果书面通知工会。（6）工会发现企业违章指挥、强令工人冒险作业，或者生产过程中发现明显重大事故隐患和职业危害，有权提出解决的建议，企业应当及时研究答复；发现危及职工生命安全的情况时，工会有权向企业建议组织职工撤离危险现场，企业必须及时作出处理决定。（7）工会有权对企业、事业单位、社会组织侵犯职工合法权益的问题进行调查，有关单位应当予以协助。（8）企业、事业单位、社会组织发生停工、怠工事件，工会应当代表职工同企业、事业单位、社会组织或者有关方面协商，反映职工的意见和要求并提出解决意见。对于职工的合理要求，企业、事业单位、社会组织应当予以解决。（9）工会协助用人单位办好职工集体福利事业，做好工资、劳动安全卫生和社会保险工作。

◆ 第八条 参与民主管理或协商

劳动者依照法律规定，通过职工大会、职工代表大会或者其他形式，参与民主管理或者就保护劳动者合法权益与用人单位进行平等协商。

◆ 第九条 劳动工作主管部门

国务院劳动行政部门主管全国劳动工作。

县级以上地方人民政府劳动行政部门主管本行政区域内的劳动工作。

实用问答

劳动工作包括哪些内容？

答：劳动工作包括劳动就业、劳动合同和集体合同、工作时间和休息休假、工资、劳动安全卫生、女职工和未成年工特殊保护、职业培训、社会保险和福利、劳动争议处理、劳动监督检查以及依照法律责任追究违法后果等。

第二章 促进就业

◆ 第十条 国家促进就业

国家通过促进经济和社会发展，创造就业条件，扩大就业机会。

国家鼓励企业、事业组织、社会团体在法律、行政法规规定的范围内兴办产业或者拓展经营，增加就业。

国家支持劳动者自愿组织起来就业和从事个体经营实现就业。

名词解释

就业，是指具有劳动能力的公民在法定劳动年龄内，依法从事某种有报酬或劳动收入的社会活动。

◆ 第十一条 发展职业介绍机构

地方各级人民政府应当采取措施，发展多种类型的职业介绍机构，提供就业服务。

名词解释

多种类型的职业介绍机构，是指劳动部门、非劳动部门和个人开办的职业介绍机构，各级劳动就业服务机构开办的职业介绍机构，非劳动部门针对不同的求职对象开办的职业介绍机构等。

实用问答

1. 就业服务主要包括哪些内容？

答： 根据劳动部办公厅印发的《关于〈中华人民共和国劳动法〉若干条文的说明》第 11 条的规定，就业服务主要包括以下内容：（1）为劳动力供求双方相互选择，实现就业而提供的各类职业介绍服务；（2）为提高劳动者职业技术和就业能力的多层次、多形式的就业训练和转业训练服务；（3）为保障失业者基本生活和帮助其再就业的失业保险服务；（4）组织劳动者开展生产自救和创业的劳动就业服务企业。就业服务的四项工作应做到有机结合，发挥整体作用，为劳动者就业提供全面、高效、便捷的服务。

2. 公共就业服务机构免费为劳动者提供哪些服务？

答： 根据《就业服务与就业管理规定》第 25 条的规定，公共就业服务机构应当免费为劳动者提供以下服务：（1）就业政策法规咨询；（2）职业供求信息、市场工资指导价位信息和职业培训信息发布；（3）职业指导和职业介绍；（4）对就业困难人员实施就业援助；（5）办理就业登记、失业登记等事务；（6）其他公共就业服务。

3. 公共就业服务机构为用人单位提供哪些服务？

答： 根据《就业服务与就业管理规定》第 26 条的规定，公共就业服务机构应当积极拓展服务功能，根据用人单位需求提供以下服务：（1）招聘用人指导服务；（2）代理招聘服务；（3）跨地区人员招聘服务；（4）企业人力资源管理咨询等专业性服务；（5）劳动保障事务代理服务；（6）为满足用人单位需求开发的其他就业服务项目。

◆ 第十二条　平等就业

劳动者就业，不因民族、种族、性别、宗教信仰不同而受歧视。

◆ 第十三条　男女平等就业

妇女享有与男子平等的就业权利。在录用职工时，除国家规定的不适合妇女的工种或者岗位外，不得以性别为由拒绝录用妇女或者提高对妇女的录用标准。

名词解释

平等的就业权利，是指劳动者的就业地位、就业机会和就业条件平等。

◆ 第十四条　特殊人员的就业

残疾人、少数民族人员、退出现役的军人的就业，法律、法规有特别规定的，从其规定。

◆ 第十五条　禁招未成年人和特殊行业有关规定

禁止用人单位招用未满十六周岁的未成年人。

文艺、体育和特种工艺单位招用未满十六周岁的未成年人，必须遵守国家有关规定，并保障其接受义务教育的权利。

实用问答

用人单位招用未成年人有哪些限制？

答：根据《未成年人保护法》第61条的规定，任何组织或者个人不得招用未满16周岁未成年人，国家另有规定的除外。营业性娱乐场所、酒吧、互联网上网服务营业场所等不适宜未成年人活动的场所不得招用已满16周岁的未成年人。招用已满16周岁未成年人的单位和个人应当执行国家在工种、劳动时间、劳动强度和保护措施等方面的规定，不得安排其从事过重、有毒、有害等危害未成年人身心健康的劳动或者危险作业。任何组织或者个人不得组织未成年人进行危害其身心健康的表演等活动。经未成年人的父母或者其他监护人同意，未成年人参与演出、节目制作等活动，活动组织方应当根据国家有关规定，保障未成年人合法权益。

第三章　劳动合同和集体合同

◆ 第十六条　劳动合同

劳动合同是劳动者与用人单位确立劳动关系、明确双方权利和义务的协议。

建立劳动关系应当订立劳动合同。

实用问答

1. 在我国，订立劳动合同应采用什么形式？

答：根据我国《劳动合同法》第10条第1款的规定，建立劳动关系，应当订立书面劳动合同。

2. 劳动合同文本包含哪些内容？

答：劳动合同文本包含用人单位名称、住所和法定代表人，劳动者姓名、住址和居民身份证或其他有效身份证件号码，劳动合同期限，工作内容和工作地点，工作时间和休息休假，劳动报酬，社会保险，劳动保护，劳动条件和职业危害防护，以及法律、法规规定的应当纳入劳动合同的其他事项等条款。

3. 入职登记表或录用审批表，可以视为书面劳动合同吗？

答：具备劳动合同基本条款、能够确立双方存在劳动关系、明确双方权利义务的入职登记表或录用审批表，可以视为书面劳动合同。

◆ 第十七条　劳动合同订立和变更的原则及劳动合同的效力

订立和变更劳动合同，应当遵循平等自愿、协商一致的原则，不得违反法律、行政法规的规定。

劳动合同依法订立即具有法律约束力，当事人必须履行劳动合同规定的义务。

实用问答

订立劳动合同应当遵循哪些原则？

答：订立劳动合同应当遵循以下原则：

1. 合法原则。合法原则具体包括以下三个方面的内容：（1）主体合法。劳动者必须是具备劳动行为能力的年满 16 周岁的自然人，文艺、体育和特种工艺单位经县级以上劳动行政部门批准可以除外。用人单位必须是具备用工主体资格的企业、个体经济组织、民办非企业单位或者是需要通过劳动合同建立劳动关系的国家机关、事业单位、社会团体。劳动合同应当由用人单位与劳动者本人签订，劳动者本人签名，并加盖用人单位印章。（2）形式合法。劳动合同必须采取法律规定的形式，《劳动法》和《劳动合同法》都将书面形式作为劳动合同的法定形式。（3）内容合法。劳动合同的各项条款如劳动合同期限、工作内容、工作地点、工作时间、休息休假、劳动报酬、社会保险、劳动保护、劳动条件以及双方约定的其他内容等都必须符合国家法律、法规的规定，违反法律、法规强制性规定的条款无效。

2. 公平原则。公平不应理解为劳动合同双方当事人之间权利义务的对等，《劳动法》中的公平是实质公平，而非民法意义上的形式公平。因此，劳动合同双方当事人之间的权利义务不可能绝对对等，从某种程度上说，法律对劳动者赋予了更多的权利，而对用人单位赋予了更多的义务，这是追求实质公平的表现。

3. 平等自愿原则。（1）平等原则，是指劳动者和用人单位在选择劳动合同当事人以及缔结劳动合同时，双方法律地位平等。（2）自愿原则，是指劳动者和用人单位有权自主选择建立或者不建立劳动关系，双方订立劳动合同以及劳动合同内容的确定都必须基于真实的意思表示，任何一方不得将自己的意志强加给另一方。

4. 协商一致原则。协商一致原则，是指劳动合同双方当事人就劳动合同的内容、条款在法律允许的范围内进行协商，达成合意后，合同才能成立、生效。

5. 诚实信用原则。诚实信用原则要求当事人讲究信用、恪守诺言、诚实无欺，在追求自己的利益时不得损害他人利益和社会公共利益。

典型案例

用人单位未与劳动者协商一致增加工作任务，劳动者是否有权拒绝[①]

要旨：本案的争议焦点是某报刊公司未与张某协商一致增加其工作任务，张某是否有权拒绝。

《劳动合同法》第 31 条规定："用人单位应当严格执行劳动定额标准，不得强迫或者变相强迫劳动者加

① 参见最高人民法院官网 2021 年 8 月 26 日，https：//www. court. gov. cn/zixun - xiangqing - 319151. html。

班……”第35条第1款规定：“用人单位与劳动者协商一致，可以变更劳动合同约定的内容……”劳动合同是明确用人单位和劳动者权利义务的书面协议，未经变更，双方均应严格按照约定履行，特别是涉及工作时间等劳动定额标准的内容。

本案中，某报刊公司超出合理限度大幅增加张某的工作任务，应视为变更劳动合同约定的内容，违反了关于“协商一致”变更劳动合同的法律规定，已构成变相强迫劳动者加班。因此，张某有权依法拒绝上述安排。某报刊公司以张某不服从工作安排为由与其解除劳动合同不符合法律规定。故劳动人事争议仲裁委员会依法裁决某报刊公司支付张某违法解除劳动合同赔偿金。

◆ 第十八条　无效劳动合同

下列劳动合同无效：

（一）违反法律、行政法规的劳动合同；

（二）采取欺诈、威胁等手段订立的劳动合同。

无效的劳动合同，从订立的时候起，就没有法律约束力。确认劳动合同部分无效的，如果不影响其余部分的效力，其余部分仍然有效。

劳动合同的无效，由劳动争议仲裁委员会或者人民法院确认。

名词解释

无效劳动合同，是指所订立的劳动合同不符合法定条件，不能发生当事人预期的法律后果的劳动合同。

实用问答

1. 导致劳动合同无效的原因有哪些？

答：导致劳动合同无效的原因包括：（1）以欺诈、胁迫的手段或者乘人之危，使对方在违背真实意思的情况下订立或者变更劳动合同。（2）用人单位免除自己的法定责任、排除劳动者权利。（3）违反法律、行政法规强制性规定。

2. 劳动合同的无效由谁确认？

答：劳动合同的无效，在仲裁阶段由劳动争议仲裁委员会确认；经仲裁引起诉讼的，由人民法院确认。除此之外的其他机构无权确认劳动合同无效，合同双方当事人也无权决定劳动合同无效。

◆ 第十九条　劳动合同的形式和内容

劳动合同应当以书面形式订立，并具备以下条款：

（一）劳动合同期限；

（二）工作内容；

（三）劳动保护和劳动条件；

（四）劳动报酬；

（五）劳动纪律；

（六）劳动合同终止的条件；

（七）违反劳动合同的责任。

劳动合同除前款规定的必备条款外，当事人可以协商约定其他内容。

实用问答

1. 为什么劳动合同的必备条款中没有规定社会保险?

答: 劳动合同的必备条款中没有规定社会保险的原因在于：我国境内的用人单位和劳动者有缴纳社会保险费的义务，社会保险在全社会范围内依法执行，并不是订立合同的双方当事人所能协商解决的。用人单位在劳动合同中与劳动者约定的由劳动者自己负担社会保险费的条款属于无效条款。

2. 当事人在劳动合同中可以“协商约定其他内容”主要指哪些内容?

答: “协商约定其他内容”是指劳动合同中的约定条款，即劳动合同双方当事人除依据《劳动法》就劳动合同的必备条款达成一致外，如果认为某些方面与劳动合同有关的内容仍需协调，便可将协商一致的内容写进合同，这些内容是合同当事人自愿协商确定的，而不是法定的。

典型案例

劳动者故意不订立书面劳动合同，用人单位不负有支付二倍工资的责任——冉某与某宾馆、某农旅公司劳动争议案[1]

典型意义

《劳动合同法》第 82 条规定：“用人单位自用工之日起超过一个

① 参见最高人民法院官网 2025 年 8 月 1 日，https://www.court.gov.cn/zixun/xiangqing/472681.html。

月不满一年未与劳动者订立书面劳动合同的，应当向劳动者每月支付二倍的工资。用人单位违反本法规定不与劳动者订立无固定期限劳动合同的，自应当订立无固定期限劳动合同之日起向劳动者每月支付二倍的工资。”用人单位未订立书面劳动合同支付二倍工资规则是法律为维护劳动者合法权益、督促用人单位履行法定义务而作出的规定，不应使不诚信者不当获利。本案明确了支付二倍工资规则不适用于劳动者故意不与用人单位订立书面劳动合同的情形，体现鲜明价值导向，制约和惩处违背诚信原则的行为，引导劳动者、用人单位自觉履行法定义务。

◆ 第二十条　劳动合同的期限

劳动合同的期限分为有固定期限、无固定期限和以完成一定的工作为期限。

劳动者在同一用人单位连续工作满十年以上，当事人双方同意续延劳动合同的，如果劳动者提出订立无固定期限的劳动合同，应当订立无固定期限的劳动合同。

名词解释

有固定期限劳动合同，是指用人单位与劳动者约定合同终止时间的劳动合同。

无固定期限劳动合同，是指用人单位与劳动者约定无确定终止时间的劳动合同。

以完成一定的工作为期限的劳动合同，是指用人单位与劳动者约定以某项工作的完成为合同期限的劳动合同。

实用问答

什么情形下可以订立无固定期限劳动合同?

答: 根据《劳动合同法》第 14 条第 2 款、第 3 款的规定，用人单位与劳动者协商一致，可以订立无固定期限劳动合同。有下列情形之一，劳动者提出或者同意续订、订立劳动合同的，除劳动者提出订立固定期限劳动合同外，应当订立无固定期限劳动合同：(1) 劳动者在该用人单位连续工作满 10 年的；(2) 用人单位初次实行劳动合同制度或者国有企业改制重新订立劳动合同时，劳动者在该用人单位连续工作满 10 年且距法定退休年龄不足 10 年的；(3) 连续订立二次固定期限劳动合同，且劳动者没有《劳动合同法》第 39 条和第 40 条第 1 项、第 2 项规定的情形，续订劳动合同的。用人单位自用工之日起满 1 年不与劳动者订立书面劳动合同的，视为用人单位与劳动者已订立无固定期限劳动合同。

◆ 第二十一条　试用期

劳动合同可以约定试用期。试用期最长不得超过六个月。

名词解释

试用期，是指包括在劳动合同期限内的，用人单位与劳动者相互了解、相互考察的期限。在此期间，用人单位可以考察劳动者是否符合录用条件，劳动者也可以考察用人单位是否符合自己的要求。试用期条款只是劳动合同的约定条款，而非法定必备条款。

实用问答

1. 试用期适用于哪些劳动者？

答：试用期适用于初次就业或再次就业时改变劳动岗位或工种的劳动者。

2. 劳动合同中可以约定多久的试用期？

答：根据《劳动合同法》第19条第1款的规定，劳动合同期限3个月以上不满1年的，试用期不得超过1个月；劳动合同期限1年以上不满3年的，试用期不得超过2个月；3年以上固定期限和无固定期限的劳动合同，试用期不得超过6个月。

3. 同一用人单位与同一劳动者可以多次约定试用期吗？

答：不可以。根据《劳动合同法》第19条第2款的规定，同一用人单位与同一劳动者只能约定1次试用期。

4. 用人单位与劳动者不得约定试用期的情形有哪些？

答：根据《劳动合同法》第19条第3款、第70条的规定，用人单位与劳动者不得约定试用期的情形有以下几种：（1）以完成一定工作任务为期限的劳动合同不得约定试用期。（2）劳动合同期限不满3个月的不得约定试用期。（3）非全日制用工双方当事人不得约定试用期。

5. 用人单位与新进员工只签订试用期协议有何后果？

答：有些用人单位为规避用工风险，与新进员工只签订试用期协议，根据新进员工在试用期阶段的表现再进一步决定是否与其签订劳动合同。按照《劳动合同法》第19条第4款规定，“试用期包含在劳动合同期限内。劳动合同仅约定试用期的，试用期不成立，该期限为劳动合同期限”。也就是说，如果用人单位与劳动者只约定试用期，不仅不能达到用人单位对劳动者进行考察的目的，反而会让劳动者直接“晋级”到正式用工阶段。

◆ 第二十二条　商业秘密事项

劳动合同当事人可以在劳动合同中约定保守用人单位商业秘密的有关事项。

名词解释

商业秘密，是指不为公众所知悉、能为用人单位带来经济利益、具有实用性并经用人单位采取保密措施的技术信息和经营信息，如设计、程序、产品配方、制作工艺、制作方法、管理诀窍、客户名单、货源情报、产销策略、招投标中的标底及标书内容等信息。

实用问答

1. 对于竞业限制条款，劳动者向人民法院提起的哪些诉求，人民法院应予支持？

答：根据《最高人民法院关于审理劳动争议案件适用法律问题的解释（二）》第 13 条的规定，（1）劳动者未知悉、接触用人单位的商业秘密和与知识产权相关的保密事项，劳动者请求确认竞业限制条款不生效的，人民法院依法予以支持。（2）竞业限制条款约定的竞业限制范围、地域、期限等内容与劳动者知悉、接触的商业秘密和与知识产权相关的保密事项不相适应，劳动者请求确认竞业限制条款超过合理比例部分无效的，人民法院依法予以支持。

2. 对于竞业限制条款，劳动者向人民法院的哪些诉求，人民法院不予支持？

答：根据《最高人民法院关于审理劳动争议案件适用法律问题

的解释（二）》第14条的规定，用人单位与高级管理人员、高级技术人员和其他负有保密义务的人员约定在职期间竞业限制条款，劳动者以不得约定在职期间竞业限制、未支付经济补偿为由请求确认竞业限制条款无效的，人民法院不予支持。

3. 劳动者违反有效的竞业限制约定，用人单位向人民法院提起的哪些诉求，人民法院应予支持？

答： 根据《最高人民法院关于审理劳动争议案件适用法律问题的解释（二）》第15条的规定，劳动者违反有效的竞业限制约定，用人单位请求劳动者按照约定返还已经支付的经济补偿并支付违约金的，人民法院依法予以支持。

典型案例

劳动者违反在职竞业限制义务约定，应依法承担违约责任
——黄某与某纺织公司竞业限制纠纷案[①]

典型意义

忠实义务包含竞业限制义务。实践中，竞业限制人员自营或者为他人经营与用人单位有竞争关系的业务，会对用人单位造成较大损害。用人单位为维护自身合法权益，与竞业限制人员以书面协议形式依法约定在职期间负有竞业限制义务的，劳动者应依约履行。本案中，人民法院判决违反在职期间竞业限制义务的劳动者依法承担违约责任，有利于引导劳动者自觉遵守法律法规、职业道德，不得为了个人利益而牺牲用人单位

① 参见最高人民法院官网2025年8月1日，https：//www. court. gov. cn/zixun/xiangqing/472681. html。

利益，对于促进用人单位经营发展具有积极作用。

劳动者负有的竞业限制义务应与其知悉的商业秘密和与知识产权相关的保密事项范围相适应
——某甲医药公司与郑某竞业限制纠纷案[①]

典型意义

人才是中国式现代化的基础性、战略性支撑之一。《中共中央关于进一步全面深化改革、推进中国式现代化的决定》提出“完善人才有序流动机制”。劳动合同法规定竞业限制制度，主要是为了保护用人单位的商业秘密和与知识产权相关的保密事项，防止不正当竞争，并不限制人才有序流动。人民法院在审理竞业限制纠纷案件过程中，要衡平好劳动者自主择业与市场公平竞争之间的关系，促进人才有序流动和合理配置。本案中，劳动者属于竞业限制人员。人民法院在双方约定的竞业限制范围包括用人单位关联公司的情况下，将劳动者负有的竞业限制义务限制在劳动者知悉的关联方商业秘密和与知识产权相关的保密事项范围内。同时，在根据当事人申请准许具有专门知识的人到庭，辅助查明相关药物的技术原理、适应症、用药方案以及劳动者新入职单位与原单位经营的产品不具有较为紧密的替代关系的基础上，准确认定两公司没有竞争关系，有效保障高技术人才的有序流动。

---

① 参见最高人民法院官网 2025 年 8 月 1 日，https://www.court.gov.cn/zixun/xiangqing/472681.html。

◆ 第二十三条　劳动合同的终止

劳动合同期满或者当事人约定的劳动合同终止条件出现，劳动合同即行终止。

实用问答

丧失或者部分丧失劳动能力的劳动者的劳动合同如何终止？

答：丧失或者部分丧失劳动能力的劳动者，其劳动合同终止的处理规则是：（1）劳动者因工致残被鉴定为1~4级伤残的，保留劳动关系，退出工作岗位，无论其劳动能力是否恢复，用人单位都不得终止劳动合同，直至劳动者达到法定退休年龄。（2）劳动者因工致残被鉴定为5级、6级伤残的，经工伤劳动者提出，其可以与用人单位解除或者终止劳动关系；但如果工伤劳动者并未提出终止劳动合同，则劳动合同直至劳动者达到法定退休年龄时终止。（3）劳动者因工致残被鉴定为7~10级伤残的，劳动合同期满即可终止。当然，工伤劳动者也可以提出解除劳动合同。

典型案例

劳动者在离职文件上签字确认加班费已结清，是否有权请求支付欠付的加班费[①]

要旨：本案的争议焦点是肖某是否与用人单位就支付加班费达成合法有效的协议。

---

① 参见最高人民法院官网2021年8月26日，https：//www. court. gov. cn/zixun－xiangqing－319151. html。

《最高人民法院关于审理劳动争议案件适用法律问题的解释（一）》（法释〔2020〕26号）第35条第1款规定：“劳动者与用人单位就解除或者终止劳动合同办理相关手续、支付工资报酬、加班费、经济补偿或者赔偿金等达成的协议，不违反法律、行政法规的强制性规定，且不存在欺诈、胁迫或者乘人之危情形的，应当认定有效。”司法实践中，既应尊重和保障双方基于真实、自愿、合法原则签订的终止或解除劳动合同的协议，也应对劳动者明确持有异议的、涉及劳动者基本权益保护的协议的真实性予以审查，依法保护劳动者的合法权益。

本案中，肖某认为离职申请交接表“员工确认”一栏不是其真实意思表示，上面记载的内容也与事实不符。该表中“员工离职原因”与“员工确认”两处表述确实存在矛盾。两家公司均未提供与肖某就加班费等款项达成的协议及已向肖某支付上述款项的证据，且肖某否认双方就上述款项已达成一致并否认两家公司已给付上述款项。因此，离职申请交接表中员工确认的“现单位已将我的工资、加班费、经济补偿结清，我与单位无其他任何争议”与事实不符，不能认定为肖某的真实意思表示。本案情形并不符合《最高人民法院关于审理劳动争议案件适用法律问题的解释（一）》第35条第1款之规定，故二审法院依法支持肖某关于加班费的诉讼请求。

◆ 第二十四条　协商解除劳动合同

经劳动合同当事人协商一致，劳动合同可以解除。

名词解释

劳动合同的解除，是指劳动合同订立后，尚未全部履行以前，由于某种原因导致劳动合同一方或双方当事人提前消灭劳动关系的法律行为。劳动合同的解除分为法定解除和约定解除两种。

实用问答

劳动合同当事人协商一致解除劳动合同，用人单位需要支付经济补偿金吗？

答：如果解除劳动合同的提议由劳动者提出，则用人单位无须向劳动者支付经济补偿金；反之，如果解除劳动合同的提议由用人单位提出，则用人单位须依法向劳动者支付经济补偿金。

◆ 第二十五条　用人单位即时解除权

劳动者有下列情形之一的，用人单位可以解除劳动合同：

（一）在试用期间被证明不符合录用条件的；

（二）严重违反劳动纪律或者用人单位规章制度的；

（三）严重失职，营私舞弊，对用人单位利益造成重大损害的；

（四）被依法追究刑事责任的。

名词解释

用人单位即时解除劳动合同，又称即时解雇、惩戒性解雇或过错解雇，是指劳动者经试用不合格或存在法定过错情形时，用人单位无须履行提前30日通知的程序就可以行使单方解雇权。

实用问答

1. 用人单位可以即时解除劳动合同的情形有哪些？

答：结合《劳动法》第25条和《劳动合同法》第39条的规定，用人单位可以即时解除劳动合同的情形包括：（1）劳动者在试用期间被证明不符合录用条件。劳动者不符合录用条件必须有客观且充分的证据证明。（2）劳动者严重违反劳动纪律或者用人单位的规章制度。严重违反用人单位的规章制度的前提是用人单位依照法定程序制定了合法、完善的劳动规章制度；否则，用人单位不得根据该规定解雇劳动者。（3）劳动者严重失职，营私舞弊，对用人单位利益造成重大损害。重大损害一般由用人单位的规章制度来规定。发生劳动争议时，可以通过劳动争议仲裁委员会对用人单位规章所规定的重大损害进行认定。（4）劳动者同时与其他用人单位建立劳动关系，对完成本单位的工作任务造成严重影响，或者经用人单位提出，拒不改正。这里有两层意思：其一，如果劳动者兼职对完成本职工作造成了严重影响，则用人单位可以行使单方解雇权。其二，如果劳动者兼职并未对完成本职工作造成严重影响，但用人单位提出要求劳动者终止兼职劳动关系，劳动者必须服从；如果劳动者拒不改正，用人单位也可以行使单方解雇权。（5）劳动者以欺诈、胁迫的手段或者乘人之危，使用人单位在违背真实意思的情况下订立或者变更劳动合同。（6）劳动者被依法追究刑事责任。

2. 用人单位即时解除劳动合同，需要向劳动者支付经济补偿金吗？

答：根据劳动部印发的《关于贯彻执行〈中华人民共和国劳动法〉若干问题的意见》第39条的规定，用人单位依据《劳动法》第25条解除劳动合同，可以不支付劳动者经济补偿金。

◆ 第二十六条　用人单位预告解除权

有下列情形之一的，用人单位可以解除劳动合同，但是应当提前三十日以书面形式通知劳动者本人：

（一）劳动者患病或者非因工负伤，医疗期满后，不能从事原工作也不能从事由用人单位另行安排的工作的；

（二）劳动者不能胜任工作，经过培训或者调整工作岗位，仍不能胜任工作的；

（三）劳动合同订立时所依据的客观情况发生重大变化，致使原劳动合同无法履行，经当事人协商不能就变更劳动合同达成协议的。

实用问答

哪些情形下用人单位可以与劳动者解除劳动合同？

答：根据《劳动合同法实施条例》第19条的规定，有下列情形之一的，依照《劳动合同法》规定的条件、程序，用人单位可以与劳动者解除固定期限劳动合同、无固定期限劳动合同或者以完成一定工作任务为期限的劳动合同：（1）用人单位与劳动者协商一致的；（2）劳动者在试用期间被证明不符合录用条件的；（3）劳动者严重违反用人单位的规章制度的；（4）劳动者严重失职，营私舞弊，给用人单位造成重大损害的；（5）劳动者同时与其他用人单位建立劳动关系，对完成本单位的工作任务造成严重影响，或者经用人单位提出，拒不改正的；（6）劳动者以欺诈、胁迫的手段或者乘人之危，使用人单位在违背真实意思的情况下订立或者变更劳动合同的；（7）劳动者被依法追究刑事责任的；（8）劳动者患病或者非因工负伤，在规定的医疗期满后不能从事原工作，也不能从事由用人单位另行安排的工作的；（9）劳动者不能胜任工作，经过培训或者调整工作岗位，仍不能胜任工作的；（10）劳动合同订立时所依据的客观情况发生重大变化，致使劳动合同无法履行，经用人单位与劳动者协商，未能就变更劳动合同内容达成协议的；（11）用人单位依照《企业破产法》规定进行重整的；（12）用人单位生产经营发生严重困难的；（13）企业转产、重大技术革新或者经营方式调整，经变更劳动合同后，仍需裁减人员的；（14）其他因劳动合同订立时所依据的客观经济情况发生重大变化，致使劳动合同无法履行的。

◆ 第二十七条　用人单位经济性裁员

用人单位濒临破产进行法定整顿期间或者生产经营状况发生严重困难，确需裁减人员的，应当提前三十日向工会或者全体职工说明情况，听取工会或者职工的意见，经向劳动行政部门报告后，可以裁减人员。

用人单位依据本条规定裁减人员，在六个月内录用人员的，应当优先录用被裁减的人员。

实用问答

1. 用人单位确需裁减人员时，应该履行什么程序？

答：根据劳动部印发的《企业经济性裁减人员规定》第 4 条的规定，用人单位确需裁减人员，应按下列程序进行：（1）提前 30 日向工会或者全体职工说明情况，并提供有关生产经营状况的资料；（2）提出裁减人员方案，内容包括：被裁减人员名单，裁减时间及实施步骤，符合法律、法规规定和集体合同约定的被裁减人员经济补偿办法；（3）将裁减人员方案征求工会或者全体职工的意见，并对方案进行修改和完善；（4）向当地劳动行政部门报告裁减人员方案以及工会或者全体职工的意见，并听取劳动行政部门的意见；（5）由用人单位正式公布裁减人员方案，与被裁减人员办理解除劳动合同手续，按照有关规定向被裁减人员本人支付经济补偿金，出具裁减人员证明书。

2. 用人单位不得裁减哪些人员？

答：根据劳动部印发的《企业经济性裁减人员规定》第5条的规定，用人单位不得裁减下列人员：（1）患职业病或者因工负伤并被确认丧失或者部分丧失劳动能力的；（2）患病或者负伤，在规定的医疗期内的；（3）女职工在孕期、产期、哺乳期内的；（4）法律、行政法规规定的其他情形。

◆ 第二十八条　经济补偿

用人单位依据本法第二十四条、第二十六条、第二十七条的规定解除劳动合同的，应当依照国家有关规定给予经济补偿。

实用问答

哪些情形下用人单位与劳动者解除劳动合同，应向劳动者支付经济补偿？

答：结合《劳动法》《劳动合同法》《劳动合同法实施条例》《最高人民法院关于审理劳动争议案件适用法律问题的解释（一）》等规定，用人单位应向劳动者支付经济补偿的情形具体包括：（1）用人单位有违反劳动合同约定的行为或违法行为，导致劳动者依据《劳动合同法》第38条解除劳动合同，应当向劳动者支付经济补偿金。（2）用人单位根据《劳动合同法》第36条与劳动者协商解除劳动合同，如果解除的提议是用人单位提出的，应当向劳动者支付经济补偿金；反之，如果解除的提议是劳动者提出的，则用人单位无须向劳动者支付经济补偿金。（3）劳动者存在《劳动合同法》第40条规定的预告解雇的几种情形之一，用人单位解除劳动合同，应当支付经济补偿金。（4）经济性裁员中，用人单位应当支付经济补偿金。（5）固定期限的劳动合同期满，如果用人单位以降低劳动合同约定条件为前提提出续订劳动合同，劳动者不愿意续订，劳动合同终止，用人单位应当支付经济补偿金；但如果用人单位以维持或提高劳动合同约定条件（如劳动报酬等）为前提提出续订劳动合同，劳动者不同意续订，则劳动合同终止，用人单位无须支付经济补偿金。（6）用人单位被依法宣告破产，或被吊销营业执照、责令关闭、撤销或者用人单位决定提前解散，导致劳动合同终止，用人单位应当支付经济补偿金。（7）《劳动合同法》施行后，因用人单位经营期限届满不再继续经营导致劳动合同不能继续履行，劳动者可以请求用人单位支付经济补偿金。

◆ 第二十九条　用人单位解除劳动合同的限制情形

劳动者有下列情形之一的，用人单位不得依据本法第二十六条、第二十七条的规定解除劳动合同：

（一）患职业病或者因工负伤并被确认丧失或者部分丧失劳动能力的；

（二）患病或者负伤，在规定的医疗期内的；

（三）女职工在孕期、产期、哺乳期内的；

（四）法律、行政法规规定的其他情形。

名词解释

医疗期，是指企业职工因患病或非因工负伤停止工作治病休息不得解除劳动合同的时限。

实用问答

1. 企业职工因患病或非因工负伤，需要停止工作医疗时，享有多长时间的医疗期？

答：根据劳动部发布的《企业职工患病或非因工负伤医疗期规定》和《关于贯彻〈企业职工患病或非因工负伤医疗期规定〉的通知》的规定，企业职工因患病或非因工负伤，需要停止工作医疗时，根据本人实际参加工作年限和在本单位工作年限，给予3～24个月的医疗期。对某些患特殊疾病（如癌症、精神病、瘫痪等）的职工，在24个月内尚不能痊愈的，经企业和劳动主管部门批准，可以适当延长医疗期。具体而言，劳动者实际工作年限10年以下的，在本单位工作年限5年以下的为3个月，5年以上的为6个月；劳动者实际工作年限10年以上的，在本单位工作年限5年以下的为6个月，5年以上10年以下的为9个月，10年以上15年以下的为12个月，15年以上20年以下的为18个月，20年以上的为24个月。

2. 用人单位违法解除、终止可以继续履行的劳动合同的，应如何向劳动者支付工资？

答：根据《最高人民法院关于审理劳动争议案件适用法律问题的解释（二）》第18条第1款的规定，用人单位违法解除、终止可以继续履行的劳动合同，劳动者请求用人单位支付违法解除、终止决定作出后至劳动合同继续履行前一日工资的，用人单位应当按照劳动者提供正常劳动时的工资标准向劳动者支付上述期间的工资。

◆ 第三十条　工会对用人单位解除劳动合同的职权

用人单位解除劳动合同，工会认为不适当的，有权提出意见。如果用人单位违反法律、法规或者劳动合同，工会有权要求重新处理；劳动者申请仲裁或者提起诉讼的，工会应当依法给予支持和帮助。

实用问答

工会组织建立的原则是什么？其委员会的产生办法和领导体制是怎样的？

答：根据《工会法》第 10 条的规定，工会各级组织按照民主集中制原则建立。各级工会委员会由会员大会或者会员代表大会民主选举产生。企业主要负责人的近亲属不得作为本企业基层工会委员会成员的人选。各级工会委员会向同级会员大会或者会员代表大会负责并报告工作，接受其监督。工会会员大会或者会员代表大会有权撤换或者罢免其所选举的代表或者工会委员会组成人员。上级工会组织领导下级工会组织。

◆ 第三十一条　劳动者解除劳动合同的提前通知期限

劳动者解除劳动合同，应当提前三十日以书面形式通知用人单位。

实用问答

哪些情形下劳动者可以与用人单位解除劳动合同？

答：根据《劳动合同法实施条例》第 18 条的规定，有下列情形之一的，依照《劳动合同法》规定的条件、程序，劳动者可以与用人单位解除固定期限劳动合同、无固定期限劳动合同或者以完成一定工作任务为期限的劳动合同：（1）劳动者与用人单位协商一致的；（2）劳动者提前30日以书面形式通知用人单位的；（3）劳动者在试用期内提前3日通知用人单位的；（4）用人单位未按照劳动合同约定提供劳动保护或者劳动条件的；（5）用人单位未及时足额支付劳动报酬的；（6）用人单位未依法为劳动者缴纳社会保险费的；（7）用人单位的规章制度违反法律、法规的规定，损害劳动者权益的；（8）用人单位以欺诈、胁迫的手段或者乘人之危，使劳动者在违背真实意思的情况下订立或者变更劳动合同的；（9）用人单位在劳动合同中免除自己的法定责任、排除劳动者权利的；（10）用人单位违反法律、行政法规强制性规定的；（11）用人单位以暴力、威胁或者非法限制人身自由的手段强迫劳动者劳动的；（12）用人单位违章指挥、强令冒险作业危及劳动者人身安全的；（13）法律、行政法规规定劳动者可以解除劳动合同的其他情形。

◆ 第三十二条　劳动者随时解除劳动合同的情形

有下列情形之一的，劳动者可以随时通知用人单位解除劳动合同：

（一）在试用期内的；

（二）用人单位以暴力、威胁或者非法限制人身自由的手段强迫劳动的；

（三）用人单位未按照劳动合同约定支付劳动报酬或者提供劳动条件的。

实用问答

1. 劳动者在试用期内解除劳动合同，用人单位是否需要向劳动者支付经济补偿金?

答：根据劳动部印发的《关于贯彻执行〈中华人民共和国劳动法〉若干问题的意见》第 40 条的规定，劳动者依据《劳动法》第 32 条第 1 项解除劳动合同，用人单位可以不支付经济补偿金，但应按照劳动者的实际工作天数支付工资。

2. 在哪些情形下，劳动者提出解除劳动合同，用人单位应当支付劳动者的劳动报酬和经济补偿，并可支付赔偿金?

答：根据《最高人民法院关于审理劳动争议案件适用法律问题的解释（一)》第 45 条的规定，用人单位有下列情形之一，迫使劳动者提出解除劳动合同的，用人单位应当支付劳动者的劳动报酬和经济补偿，并可支付赔偿金：（1）以暴力、威胁或者非法限制人身自由的手段强迫劳动的；（2）未按照劳动合同约定支付劳动报酬或者提供劳动条件的；（3）克扣或者无故拖欠劳动者工资的；（4）拒不支付劳动者延长工作时间工资报酬的；（5）低于当地最低工资标准支付劳动者工资的。

◆ 第三十三条　集体合同

企业职工一方与企业可以就劳动报酬、工作时间、休息休假、劳动安全卫生、保险福利等事项，签订集体合同。集体合同草案应当提交职工代表大会或者全体职工讨论通过。

集体合同由工会代表职工与企业签订；没有建立工会的企业，由职工推举的代表与企业签订。

名词解释

集体合同，是指用人单位与本单位职工根据法律、法规、规章的规定，就劳动报酬、工作时间、休息休假、劳动安全卫生、职业培训、保险福利等事项，通过集体协商签订的书面协议。

实用问答

1. 集体合同与劳动合同在订立主体上有什么区别？

答：集体合同与劳动合同在订立主体上的区别在于：劳动合同的订立主体是用人单位与劳动者，而集体合同的订立主体是用人单位与工会或职工代表。

2. 签订集体合同，应当遵循哪些原则？

答：根据《集体合同规定》第5条的规定，进行集体协商，签订集体合同或专项集体合同，应当遵循下列原则：（1）遵守法律、法规、规章及国家有关规定；（2）相互尊重，平等协商；（3）诚实守信，公平合作；（4）兼顾双方合法权益；（5）不得采取过激行为。

3. 订立集体合同需要履行哪些程序？

答：集体合同的订立程序如下：（1）集体协商。基层工会或企业职工方代表与用人单位就劳动报酬、工作时间、休息休假、劳动安全卫生、保险福利等事项进行平等协商，形成集体合同草案。（2）讨论。集体合同草案应提交职工代表大会或全体职工讨论，职工代表大会或全体职工讨论集体合同草案，应有2/3以上的职工代表或职工出席，且必须经全体职工代表半数以上或者全体职工半数以上同意，该草案方获通过。（3）签字。集体合同草案获得通过后，由集体协商双方的首席代表签字。

◆ 第三十四条　集体合同的生效

集体合同签订后应当报送劳动行政部门；劳动行政部门自收到集体合同文本之日起十五日内未提出异议的，集体合同即行生效。

实用问答

哪个部门负责对集体合同进行审查？

答： 根据《集体合同规定》第7条的规定，县级以上劳动保障行政部门对本行政区域内用人单位与本单位职工开展集体协商、签订、履行集体合同的情况进行监督，并负责审查集体合同或专项集体合同。

◆ 第三十五条　集体合同的效力

依法签订的集体合同对企业和企业全体职工具有约束力。职工个人与企业订立的劳动合同中劳动条件和劳动报酬等标准不得低于集体合同的规定。

第四章　工作时间和休息休假

◆ 第三十六条　国家工时制度

国家实行劳动者每日工作时间不超过八小时、平均每周工作时间不超过四十四小时的工时制度。

实用问答

1. 企业和部分不能实行统一工作时间的事业单位，可否不实行“双休日”而安排每周工作6天，每天工作不超过6小时40分钟？

答：根据《劳动部关于职工工作时间有关问题的复函》第1条的规定，根据《劳动法》和《国务院关于职工工作时间的规定》的规定，我国目前实行劳动者每日工作8小时，每周工作40小时这一标准工时制度。有条件的企业应实行标准工时制度。有些企业因工作性质和生产特点不能实行标准工时制度，应保证劳动者每天工作不超过8小时、每周工作不超过40小时、每周至少休息1天。此外，根据一些企业的生产实际情况还可实行不定时工作制和综合计算工时工作制。实行不定时工作制综合计算工时工作制的企业应按劳动部《关于企业实行不定时工作制和综合计算工时工作制的审批办法》（劳部发〔1994〕503号）的规定办理审批手续。

2. 在特殊条件下从事劳动和有特殊情况的，是否可以进一步缩短工作时间？

答：根据《国务院关于职工工作时间的规定》第4条的规定，

在特殊条件下从事劳动和有特殊情况，需要在每周工作 40 小时的基础上再适当缩短工作时间的，应在保证完成生产和工作任务的前提下，根据《劳动法》第 36 条的规定，由企业根据实际情况决定。

3. 企业因生产经营需要延长工作时间是在每周 40 小时基础上计算，还是在每周 44 小时基础上计算？

答：根据《〈国务院关于职工工作时间的规定〉问题解答》第 9 条的规定，1997 年 5 月 1 日以前，以企业所执行的工时制度为基础。即实行每周 40 小时工作制度的企业，以每周 40 小时为基础计算加班加点时间；实行每周 44 小时工时制度的企业，以每周 44 小时为基础计算加班加点时间。上述加班加点，仍然按《劳动法》的有关规定执行。1997 年 5 月 1 日以后，一律应以每周 40 小时为基础计算。

◆ 第三十七条　计件工作的劳动定额和计件报酬标准确定

对实行计件工作的劳动者，用人单位应当根据本法第三十六条规定的工时制度合理确定其劳动定额和计件报酬标准。

实用问答

实行计件工资的劳动者是否有加班费？

答：根据《工资支付暂行规定》第 13 条第 2 款的规定，实行计件工资的劳动者，在完成计件定额任务后，由用人单位安排延长工作时间的，应分别按照不低于其本人法定工作时间计件单价的 150%、200%、300% 支付其工资。

典型案例

处理加班费争议，如何分配举证责任①

要旨：本案的争议焦点是如何分配林某与某教育咨询公司的举证责任。

《劳动争议调解仲裁法》第6条规定："发生劳动争议，当事人对自己提出的主张，有责任提供证据。与争议事项有关的证据属于用人单位掌握管理的，用人单位应当提供；用人单位不提供的，应当承担不利后果。"《最高人民法院关于审理劳动争议案件适用法律问题的解释（一）》（法释〔2020〕26号）第42条规定："劳动者主张加班费的，应当就加班事实的存在承担举证责任。但劳动者有证据证明用人单位掌握加班事实存在的证据，用人单位不提供的，由用人单位承担不利后果。"由上述条款可知，主张加班费的劳动者有责任按照"谁主张，谁举证"的原则，就加班事实的存在提供证据，或者就相关证据属于用人单位掌握管理提供证据。用人单位应当提供而不提供有关证据的，可以推定劳动者加班事实存在。

本案中，虽然林某提交的工资支付记录为打印件，但与实名认证的App打卡记录互相印证，能够证明某教育咨询公司掌握加班事实存在的证据。某教育咨询公司虽然不认可上述证据的真实性，但未提交反证或者作出合理解释，应承担不利后果。故劳动人事争议仲裁委员会依法裁决某教育咨询公司支付林某加班费。

---

① 参见最高人民法院官网2021年8月26日，https：//www. court. gov. cn/zixun－xiangqing－319151. html。

◆ 第三十八条　最低休息时间

用人单位应当保证劳动者每周至少休息一日。

实用问答

怎样理解“劳动者每周至少休息一日”?

答: 根据劳动部办公厅印发的《关于〈中华人民共和国劳动法〉若干条文的说明》第 38 条的规定，用人单位必须保证劳动者每周至少有一次 24 小时不间断的休息，因此，“劳动者每周至少休息一日”指的是劳动者每周至少有一次 24 小时不间断的休息。

典型案例

劳动者超时加班发生工伤，用工单位、劳务派遣单位是否承担连带赔偿责任[①]

要旨： 本案的争议焦点是李某超时加班发生工伤，用工单位与劳务派遣单位是否应承担连带赔偿责任。

《劳动法》第 38 条规定：“用人单位应当保证劳动者每周至少休息一日。”第 41 条规定：“用人单位由于生产经营需要，经与工会和劳动者协商后可以延长工作时间，一般每日不得超过一小时；因特殊原因需要延长工作时间的，在保障劳动者身体健康的条件下延长工作时间每日不得超过三小时，但是每月不得超过三十六小时。”《劳动合同法》第 92 条第 2 款规定：“……用

① 参见最高人民法院官网 2021 年 8 月 26 日，https：//www. court. gov. cn/zixun－xiangqing－319151. html。

工单位给被派遣劳动者造成损害的，劳务派遣单位与用工单位承担连带赔偿责任。”《国务院关于职工工作时间的规定》（国务院令第174号）第3条规定：“职工每日工作8小时，每周工作40小时。”休息权是劳动者的基本劳动权利，即使在支付劳动者加班费的情况下，劳动者的工作时间仍然受到法定延长工作时间上限的制约。劳务派遣用工中，劳动者超时加班发生工伤，用工单位和劳务派遣单位对劳动者的损失均负有责任，应承担连带赔偿责任。劳动者与用工单位、劳务派遣单位达成赔偿协议的，当赔偿协议存在违反法律、行政法规的强制性规定，欺诈，胁迫或者乘人之危情形时，不应认定赔偿协议有效；当赔偿协议存在重大误解或者显失公平情形时，应当支持劳动者依法行使撤销权。

本案中，某服务公司和某传媒公司协议约定的被派遣劳动者每天工作时间及每月工作保底工时，均严重超过法定标准。李某工亡前每月休息时间不超过3日，每日工作时间基本超过11小时，每月延长工作时间超过36小时数倍，其依法享有的休息权受到严重侵害。某传媒公司作为用工单位长期安排李某超时加班，存在过错，对李某在工作期间突发疾病死亡负有不可推卸的责任。惠某等主张某传媒公司与某服务公司就李某工伤的相关待遇承担连带赔偿责任，应予支持。惠某等虽与某传媒公司达成了赔偿协议，但赔偿协议是在劳动者未经社会保险行政部门认定工伤的情形下签订的，且赔偿协议约定的补偿数额明显低于法定工伤保险待遇标准，某服务公司和某传媒公司应对差额部分予以补足。

◆ 第三十九条　非标准工作制度

企业因生产特点不能实行本法第三十六条、第三十八条规定的，经劳动行政部门批准，可以实行其他工作和休息办法。

实用问答

1.《劳动法》第 39 条中的“其他工作和休息办法”主要有哪些？

答：《劳动法》第 39 条中的“其他工作和休息办法”，主要有不定时工作制和综合计算工时工作制两种。不定时工作制，是指针对因生产特点、工作特殊需要或职责范围的关系，无法按标准工作时间衡量或需要机动作业的职工采用的一种工时制度。综合计算工时工作制，是针对因工作性质特殊，需连续作业或受季节及自然条件限制的企业的部分职工，采用的以周、月、季、年等为周期综合计算工作时间的一种工时制度。

2. 哪些企业职工可以实行不定时工作制？

答：根据劳动部发布的《关于企业实行不定时工作制和综合计算工时工作制的审批办法》第 4 条的规定，企业对符合下列条件之一的职工，可以实行不定时工作制。（1）企业中的高级管理人员、外勤人员、推销人员、部分值班人员和其他因工作无法按标准工作时间衡量的职工；（2）企业中的长途运输人员、出租汽车司机和铁路、港口、仓库的部分装卸人员以及因工作性质特殊，需机动作业的职工；（3）其他因生产特点、工作特殊需要或职责范围的关系，适合实行不定时工作制的职工。

3. 哪些企业职工可以实行综合计算工时工作制？

答：根据劳动部发布的《关于企业实行不定时工作制和综合计算工时工作制的审批办法》第 5 条的规定，企业对符合下列条件之一的职工，可实行综合计算工时工作制，即分别以周、月、季、年等为周期，综合计算工作时间，但其平均日工作时间和平均周工作时间应与法定标准工作时间基本相同。（1）交通、铁路、邮电、水运、航空、渔业等行业中因工作性质特殊，需连续作业的职工；（2）地质及资源勘探、建筑、制盐、制糖、旅游等受季节和自然条件限制的行业的部分职工；（3）其他适合实行综合计算工时工作制的职工。

◆ 第四十条　法定假日

用人单位在下列节日期间应当依法安排劳动者休假：

（一）元旦；

（二）春节；

（三）国际劳动节；

（四）国庆节；

（五）法律、法规规定的其他休假节日。

实用问答

1. 全体公民放假的节日有哪些？

答：根据2013年修订的《全国年节及纪念日放假办法》第2条的规定，全体公民放假的节日：（1）新年，放假1天（1月1日）；（2）春节，放假3天（农历正月初一、初二、初三）；（3）清明节，放假1天（农历清明当日）；（4）劳动节，放假1天（5月1日）；（5）端午节，放假1天（农历端午当日）；（6）中秋节，放假1天（农历中秋当日）；（7）国庆节，放假3天（10月1日、2日、3日）。

2. 部分公民放假的节日及纪念日有哪些？

答：根据2013年修订的《全国年节及纪念日放假办法》第3条的规定，部分公民放假的节日及纪念日：（1）妇女节（3月8日），妇女放假半天；（2）青年节（5月4日），14周岁以上的青年放假半天；（3）儿童节（6月1日），不满14周岁的少年儿童放假1天；（4）中国人民解放军建军纪念日（8月1日），现役军人放假半天。

◆ 第四十一条　工作时间延长限制

用人单位由于生产经营需要，经与工会和劳动者协商后可以延长工作时间，一般每日不得超过一小时；因特殊原因需要延长工作时间的，在保障劳动者身体健康的条件下延长工作时间每日不得超过三小时，但是每月不得超过三十六小时。

名词解释

延长工作时间，是指在企业执行的工作时间制度的基础上的加班加点。

实用问答

1. 用人单位擅自延长劳动者工作时间的，劳动者应该如何处理？

答：《劳动法》第41条中所规定的“与工会和劳动者协商”是对于用人单位延长工作时间的强制性规定，未经工会和劳动者同意，用人单位不得擅自延长工作时间。对于用人单位违法强迫劳动者延长工作时间的，劳动者有权拒绝。因此发生的争议，可以提请劳动争议处理机构予以处理。工会和劳动者也可以向劳动行政部门举报，由劳动行政部门进行查处。

2. 《劳动法》第41条中的“延长工作时间”是否仅指加点，而不包括休息日或节日等法定休假日的加班？

答：根据《劳动部关于职工工作时间有关问题的复函》第3条的规定，《劳动法》第41条有关延长工作时间的限制包括正常工作日的加点、休息日和法定休假日的加班。即每月工作日的加点、休息日和法定休假日的加班的总时数不得超过36小时。

◆ 第四十二条　延长工作时间限制的例外

有下列情形之一的，延长工作时间不受本法第四十一条规定的限制：

（一）发生自然灾害、事故或者因其他原因，威胁劳动者生命健康和财产安全，需要紧急处理的；

（二）生产设备、交通运输线路、公共设施发生故障，影响生产和公众利益，必须及时抢修的；

（三）法律、行政法规规定的其他情形。

实用问答

国家对延长工作时间不受限制的情形有哪些？

答：根据《劳动部贯彻〈国务院关于职工工作时间的规定〉的实施办法》第7条的规定，有下列特殊情形和紧急任务之一的，延长工作时间不受该办法第6条[①]规定的限制：（1）发生自然灾害、事故或者因其他原因，使人民的安全健康和国家资财遭到严重威胁，需要紧急处理的；（2）生产设备、交通运输线路、公共设施发生故障，影响生产和公众利益，必须及时抢修的；（3）必须利用法定节日或公休假日的停产期间进行设备检修、保养的；（4）为完成国防紧急任务，或者完成上级在国家计划外安排的其他紧急生产任务，以及商业、供销企业在旺季完成收购、运输、加工农副产品紧急任务的。

---

① 该办法第6条规定，任何单位和个人不得擅自延长职工工作时间。企业由于生产经营需要而延长职工工作时间的，应按《劳动法》第41条的规定执行。

◆ 第四十三条　禁止违法延长工作时间

用人单位不得违反本法规定延长劳动者的工作时间。

实用问答

用人单位确实需要延长劳动者工作时间的，应当如何处理？

答：根据《国务院关于职工工作时间的规定》第 6 条的规定，任何单位和个人不得擅自延长职工工作时间。因特殊情况和紧急任务确需延长工作时间的，按照国家有关规定执行。

典型案例

劳动者拒绝违法超时加班安排，用人单位能否解除劳动合同①

要旨：本案的争议焦点是张某拒绝违法超时加班安排，某快递公司能否与其解除劳动合同。

《劳动法》第 41 条规定：“用人单位由于生产经营需要，经与工会和劳动者协商后可以延长工作时间，一般每日不得超过一小时；因特殊原因需要延长工作时间的，在保障劳动者身体健康的条件下延长工作时间每日不得超过三小时，但是每月不得超过三十六小时。”第 43 条规定：“用人单位不得违反本法规定延长劳动者的工作时间。”《劳动合同法》第 26 条第 1 款规定：“下列劳动合同无效或者部分无效：……（三）违反法律、行政法规

① 参见最高人民法院官网 2021 年 8 月 26 日，https：//www. court. gov. cn/zixun - xiangqing - 319151. html。

强制性规定的。”为确保劳动者休息权的实现，我国法律对延长工作时间的上限予以明确规定。用人单位制定违反法律规定的加班制度，在劳动合同中与劳动者约定违反法律规定的加班条款，均应认定为无效。

本案中，某快递公司规章制度中“工作时间为早9时至晚9时，每周工作6天”的内容，严重违反法律关于延长工作时间上限的规定，应认定为无效。张某拒绝违法超时加班安排，系维护自己的合法权益，不能据此认定其在试用期间被证明不符合录用条件。故劳动人事争议仲裁委员会依法裁决某快递公司支付张某违法解除劳动合同赔偿金。

◆ 第四十四条　延长工时的报酬支付

有下列情形之一的，用人单位应当按照下列标准支付高于劳动者正常工作时间工资的工资报酬：

（一）安排劳动者延长工作时间的，支付不低于工资的百分之一百五十的工资报酬；

（二）休息日安排劳动者工作又不能安排补休的，支付不低于工资的百分之二百的工资报酬；

（三）法定休假日安排劳动者工作的，支付不低于工资的百分之三百的工资报酬。

名词解释

劳动者正常工作时间工资，是指劳动合同规定的劳动者本人所在工作岗位（职位）相对应的工资。

实用问答

1. 休息日或法定休假日加班，用人单位可否不支付加班费而给予补休？补休的标准如何确定？

答：《劳动部关于职工工作时间有关问题的复函》第4条规定，依据《劳动法》第44条规定，休息日安排劳动者加班工作的，应首先安排补休，不能补休时，则应支付不低于工资的200%的工资报酬。补休时间应等同于加班时间。法定休假日安排劳动者加班工作的，应另外支付不低于工资的300%的工资报酬，一般不安排补休。

2. 经批准实施综合计算工时工作制的用人单位，在计算周期内若日（或周）的平均工作时间没超过法定标准工作时间，但某一具体日（或周）的实际工作时间工作超过8小时（或40小时），“超过”部分是否视为加点（或加班）且受《劳动法》第41条的限制？

答：根据《劳动部关于职工工作时间有关问题的复函》第5条的规定，依据劳动部《关于企业实行不定时工作制和综合计算工时工作制的审批办法》第5条的规定，综合计算工时工作制采用的是以周、月、季、年等为周期综合计算工作时间，但其平均日工作时间和平均周工作时间应与法定标准工作时间基本相同。也就是说，在综合计算周期内，某一具体日（或周）的实际工作时间可以超过8小时（或40小时），但综合计算周期内的总实际工作时间不应超过总法定标准工作时间，超过部分应视为延长工作时间并按《劳动法》第44条第1项的规定支付工资报酬，其中法定休假日安排劳动者工作的，按《劳动法》第44条第3项的规定支付工资报酬。而且，延长工作时间的小时数平均每月不得超过36小时。

典型案例

劳动者与用人单位订立放弃加班费协议，能否主张加班费[①]

要旨：本案的争议焦点是张某订立放弃加班费协议后，还能否主张加班费。

《劳动合同法》第 26 条第 1 款规定："下列劳动合同无效或者部分无效：……（二）用人单位免除自己的法定责任、排除劳动者权利的；……"《最高人民法院关于审理劳动争议案件适用法律问题的解释（一）》（法释〔2020〕26 号）第 35 条规定："劳动者与用人单位就解除或者终止劳动合同办理相关手续、支付工资报酬、加班费、经济补偿或者赔偿金等达成的协议，不违反法律、行政法规的强制性规定，且不存在欺诈、胁迫或者乘人之危情形的，应当认定有效。前款协议存在重大误解或者显失公平情形，当事人请求撤销的，人民法院应予支持。"加班费是劳动者延长工作时间的工资报酬，《劳动法》第 44 条、《劳动合同法》第 31 条明确规定了用人单位支付劳动者加班费的责任。约定放弃加班费的协议免除了用人单位的法定责任、排除了劳动者权利，显失公平，应认定无效。

本案中，某科技公司利用在订立劳动合同时的主导地位，要求张某在其单方制定的格式条款上签字放弃加班费，既违反法律规定，也违背公平原则，侵害了张某的工资报酬权益。故劳动人事争议仲

---

① 参见最高人民法院官网 2021 年 8 月 26 日，https：//www. court. gov. cn/zixun－xiangqing－319151. html。

裁委员会依法裁决某科技公司支付张某加班费。

用人单位未按规章制度履行加班审批手续，能否认定劳动者加班事实[①]

要旨：本案的争议焦点是某医药公司能否以无公司审批手续为由拒绝支付吴某加班费。

《劳动法》第44条规定："有下列情形之一的，用人单位应当按照下列标准支付高于劳动者正常工作时间工资的工资报酬：（一）安排劳动者延长工作时间的，支付不低于工资的百分之一百五十的工资报酬；（二）休息日安排劳动者工作又不能安排补休的，支付不低于工资的百分之二百的工资报酬；……"《工资支付暂行规定》（劳部发〔1994〕489号）第13条规定："用人单位在劳动者完成劳动定额或规定的工作任务后，根据实际需要安排劳动者在法定标准工作时间以外工作的，应按以下标准支付工资：……"由上述条款可知，符合"用人单位安排""法定标准工作时间以外工作"情形的，用人单位应当依法支付劳动者加班费。

本案中，吴某提交的考勤记录、与部门领导及同事的微信聊天记录、工作会议纪要等证据形成了相对完整的证据链，某医药公司亦认可上述证据的真实性。某医药公司未实际履行加班审批手续，并不影响对"用人单位安排"加班这一事实的认定。故劳动人事争议仲裁委员会依法裁决某医药公司支付吴某加班费。

---

① 参见最高人民法院官网2021年8月26日，https://www.court.gov.cn/zixun-xiangqing-319151.html。

◆ 第四十五条　带薪年休假

国家实行带薪年休假制度。

劳动者连续工作一年以上的，享受带薪年休假。具体办法由国务院规定。

实用问答

1. 劳动者在什么情况下才能享受带薪年休假？

答：《劳动法》第45条第2款中规定，“劳动者连续工作一年以上的，享受带薪年休假”。《企业职工带薪年休假实施办法》第3条规定，“职工连续工作满12个月以上的，享受带薪年休假”。

2. “劳动者连续工作满12个月以上”是否必须为劳动者在同一用人单位连续工作满12个月？

答：根据人力资源和社会保障部办公厅发布的《关于〈企业职工带薪年休假实施办法〉有关问题的复函》“一、关于带薪年休假的享受条件”中的规定，《企业职工带薪年休假实施办法》第3条中的“职工连续工作满12个月以上”，既包括职工在同一用人单位连续工作满12个月以上的情形，也包括职工在不同用人单位连续工作满12个月以上的情形。

3. 职工带薪年休假的天数是怎样规定的？

答：根据《职工带薪年休假条例》第3条的规定，职工累计工作已满1年不满10年的，年休假5天；已满10年不满20年的，年休假10天；已满20年的，年休假15天。国家法定休假日、休息日不计入年休假的假期。

4. 哪些情形下职工不享受当年的年休假？

答： 根据《职工带薪年休假条例》第 4 条的规定，职工有下列情形之一的，不享受当年的年休假：（1）职工依法享受寒暑假，其休假天数多于年休假天数的；（2）职工请事假累计 20 天以上且单位按照规定不扣工资的；（3）累计工作满 1 年不满 10 年的职工，请病假累计 2 个月以上的；（4）累计工作满 10 年不满 20 年的职工，请病假累计 3 个月以上的；（5）累计工作满 20 年以上的职工，请病假累计 4 个月以上的。

5. 职工带薪年休假应如何安排？

答： 根据《职工带薪年休假条例》第 5 条的规定，单位根据生产、工作的具体情况，并考虑职工本人意愿，统筹安排职工年休假。年休假在 1 个年度内可以集中安排，也可以分段安排，一般不跨年度安排。单位因生产、工作特点确有必要跨年度安排职工年休假的，可以跨 1 个年度安排。单位确因工作需要不能安排职工休年休假的，经职工本人同意，可以不安排职工休年休假。对职工应休未休的年休假天数，单位应当按照该职工日工资收入的 300% 支付年休假工资报酬。

6. 劳动者与用人单位解除劳动合同，但尚有应休未休带薪年休假的，用人单位是否需向劳动者支付未休带薪年休假工资报酬？如何折算？

答： 根据《企业职工带薪年休假实施办法》第 12 条第 1 款、第 2 款的规定，用人单位与职工解除或者终止劳动合同时，当年度未安排职工休满应休年休假的，应当按照职工当年已工作时间折算应休未休年休假天数并支付未休年休假工资报酬，但折算后不足 1 整天的部分不支付未休年休假工资报酬。折算方法为：（当年度在本单位已过日历天数 ÷ 365 天）× 职工本人全年应当享受的年休假天数 －

当年度已安排年休假天数。

7. 享受带薪年休假的职工新进用人单位，其当年度年休假天数如何确定？

答：根据《企业职工带薪年休假实施办法》第5条的规定，职工新进用人单位且符合连续工作满12个月以上享受带薪年休假规定的，当年度年休假天数，按照在本单位剩余日历天数折算确定，折算后不足1整天的部分不享受年休假。折算方法为：（当年度在本单位剩余日历天数÷365天）×职工本人全年应当享受的年休假天数。

第五章　工　资

◆ **第四十六条　工资分配原则**

工资分配应当遵循按劳分配原则，实行同工同酬。

工资水平在经济发展的基础上逐步提高。国家对工资总量实行宏观调控。

名词解释

工资，是指用人单位依据国家有关规定或劳动合同的约定，以货币形式直接支付给本单位劳动者的劳动报酬，一般包括计时工资、计件工资、奖金、津贴和补贴、延长工作时间的工资报酬以及特殊情况下支付的工资等。工资是劳动者劳动收入的主要组成部分。

同工同酬，是指用人单位对于从事相同工作，付出等量劳动且取得相同劳绩的劳动者，应支付同等的劳动报酬。

工资水平，是指一定区域一定时期内平均工资的高低程度。

工资总量，是指一定时期内国民生产总值用于工资分配的总数量。

实用问答

劳动者的哪些劳动收入不属于工资范围?

答：劳动者的以下劳动收入不属于工资范围：（1）单位支付给劳动者个人的社会保险福利费用，如丧葬抚恤救济费、生活困难补助费、计划生育补贴等；（2）劳动保护方面的费用，如用人单位支付给劳动者的工作服、解毒剂、清凉饮料费用等；（3）按规定未列入工资总额的各种劳动报酬及其他劳动收入，如根据国家规定发放的创造发明奖、国家星火奖、自然科学奖、科学技术进步奖、合理化建议和技术改进奖、中华技能大奖等奖金以及稿费、讲课费、翻译费等收入。

◆ 第四十七条　工资分配方式、水平的确定

用人单位根据本单位的生产经营特点和经济效益，依法自主确定本单位的工资分配方式和工资水平。

名词解释

工资分配方式，是指单位内部的工资制度，包括工资构成、工资标准、工资形式、工资增长机制等。

工资水平，是指本单位在一定时期内的职工平均工资。

典型案例

用人单位与劳动者约定实行包薪制，是否需要依法支付加班费①

要旨：本案的争议焦点是某汽车服务公司与周某约定实行包薪制，是否还需要依法支付周某加班费差额。

---

① 参见最高人民法院官网 2021 年 8 月 26 日，https：//www. court. gov. cn/zixun - xiangqing - 319151. html。

《劳动法》第47条规定："用人单位根据本单位的生产经营特点和经济效益，依法自主确定本单位的工资分配方式和工资水平。"第48条规定："国家实行最低工资保障制度……"《最低工资规定》（劳动和社会保障部令第21号）第3条第1款规定："本规定所称最低工资标准，是指劳动者在法定工作时间或依法签订的劳动合同约定的工作时间内提供了正常劳动的前提下，用人单位依法应支付的最低劳动报酬。"由上述条款可知，用人单位可以依法自主确定本单位的工资分配方式和工资水平，并与劳动者进行相应约定，但不得违反法律关于最低工资保障、加班费支付标准的规定。

本案中，根据周某实际工作时间折算，即使按照当地最低工资标准认定周某法定标准工作时间工资，并以此为基数核算加班费，也超出了4000元的约定工资，表明某汽车服务公司未依法足额支付周某加班费。故劳动人事争议仲裁委员会依法裁决某汽车服务公司支付周某加班费差额。

◆ 第四十八条　最低工资保障制度

国家实行最低工资保障制度。最低工资的具体标准由省、自治区、直辖市人民政府规定，报国务院备案。

用人单位支付劳动者的工资不得低于当地最低工资标准。

名词解释

最低工资，是指劳动者在法定工作时间内履行了正常劳动义务的前提下，由其所在单位支付的最低劳动报酬。最低工资不包括延长工作时间的工资报酬，以货币形式支付的住房和用人单位支付的伙食补贴，中班、夜班、高温、低温、井下、有毒、有害等特殊工作环境和劳动条件下的津贴，国家法律、法规、规章规定的社会保险福利待遇。

实用问答

1. 在劳动者提供正常劳动的情况下，用人单位应支付给劳动者的工资不得低于当地最低工资标准需要剔除哪些项目？

答：根据《最低工资规定》第12条第1款的规定，在劳动者提供正常劳动的情况下，用人单位应支付给劳动者的工资在剔除下列各项以后，不得低于当地最低工资标准：（1）延长工作时间工资；（2）中班、夜班、高温、低温、井下、有毒有害等特殊工作环境、条件下的津贴；（3）法律、法规和国家规定的劳动者福利待遇等。

2. 实行计件工资或提成工资等工资形式的用人单位如何确定最低工资标准？

答：根据《最低工资规定》第12条第2款的规定，实行计件工资或提成工资等工资形式的用人单位，在科学合理的劳动定额基础上，其支付劳动者的工资不得低于相应的最低工资标准。

◆ 第四十九条　最低工资标准参考因素

确定和调整最低工资标准应当综合参考下列因素：

（一）劳动者本人及平均赡养人口的最低生活费用；

（二）社会平均工资水平；

（三）劳动生产率；

（四）就业状况；

（五）地区之间经济发展水平的差异。

实用问答

1. 最低工资标准的确定和调整方案由哪个部门制定？

答：根据《最低工资规定》第8条第1款的规定，最低工资标准的确定和调整方案，由省、自治区、直辖市人民政府劳动保障行政部门会同同级工会、企业联合会/企业家协会研究拟订，并将拟订的方案报送劳动保障部。

2. 最低工资标准的确定和调整方案内容包括哪些？

答：根据《最低工资规定》第8条第1款的规定，最低工资标准的确定和调整方案内容包括最低工资确定和调整的依据、适用范围、拟订标准和说明。

3. 劳动保障部收到拟订方案后，应如何处理？

答：劳动保障部在收到拟订方案后，应征求全国总工会、中国企业联合会/企业家协会的意见。劳动保障部对方案可以提出修订意见，若在方案收到后14日内未提出修订意见的，视为同意。

◆ 第五十条 工资支付形式

工资应当以货币形式按月支付给劳动者本人。不得克扣或者无故拖欠劳动者的工资。

名词解释

克扣，是指用人单位无正当理由扣减劳动者应得工资。

无故拖欠，是指用人单位无正当理由超过规定付薪时间未支付劳动者工资。

实用问答

1. 不属于克扣劳动者工资的情形有哪些？

答：根据劳动部发布的《对〈工资支付暂行规定〉有关问题的补充规定》第3条的规定，克扣劳动者工资，不包括以下减发工资的情况：（1）国家的法律、法规中有明确规定的；（2）依法签订的劳动合同中有明确规定的；（3）用人单位依法制定并经职代会批准的厂规、厂纪中有明确规定的；（4）企业工资总额与经济效益相联系，经济效益下浮时，工资必须下浮的（但支付给劳动者工资不得低于当地的最低工资标准）；（5）因劳动者请事假等相应减发工资等。

2. 用人单位可以代扣劳动者工资的情形有哪些？

答：根据《工资支付暂行规定》第15条的规定，用人单位不得克扣劳动者工资。有下列情况之一的，用人单位可以代扣劳动者工资：（1）用人单位代扣代缴的个人所得税；（2）用人单位代扣代缴的应由劳动者个人负担的各项社会保险费用；（3）法院判决、裁定中要求代扣的抚养费、赡养费；（4）法律、法规规定可以从劳动者工资中扣除的其他费用。

3. 不属于无故拖欠劳动者工资的情形有哪些？

答：根据劳动部发布的《对〈工资支付暂行规定〉有关问题的补充规定》第4条的规定，无故拖欠劳动者工资，不包括：（1）用人单位遇到非人力所能抗拒的自然灾害、战争等原因，无法按时支付工资；（2）用人单位确因生产经营困难、资金周转受到影响，在征得本单位工会同意后，可暂时延期支付劳动者工资，延期时间的最长限制可由各省、自治区、直辖市劳动行政部门根据各地情况确定。其他情况下拖欠工资均属无故拖欠。

4. 如遇节假日或休息日，用人单位可以迟延支付劳动者工资吗？

答：根据《工资支付暂行规定》第 7 条的规定，工资必须在用人单位与劳动者约定的日期支付。如遇节假日或休息日，则应提前在最近的工作日支付。

5. 用人单位在劳动者完成劳动定额或规定的工作任务后，根据实际需要安排劳动者在法定标准工作时间以外工作的，应按什么标准支付工资？

答：根据《劳动法》第 44 条、《工资支付暂行规定》第 13 条的规定，用人单位在劳动者完成劳动定额或规定的工作任务后，根据实际需要安排劳动者在法定标准工作时间以外工作的，应按以下标准支付工资：（1）用人单位依法安排劳动者在日法定标准工作时间以外延长工作时间的，按照不低于劳动合同规定的劳动者本人小时工资标准的 150% 支付劳动者工资；（2）用人单位依法安排劳动者在休息日工作，而又不能安排补休的，按照不低于劳动合同规定的劳动者本人日或小时工资标准的 200% 支付劳动者工资；（3）用人单位依法安排劳动者在法定休假节日工作的，按照不低于劳动合同规定的劳动者本人日或小时工资标准的 300% 支付劳动者工资。实行计件工资的劳动者，在完成计件定额任务后，由用人单位安排延长工作时间的，应根据上述规定的原则，分别按照不低于其本人法定工作时间计件单价的 150%、200%、300% 支付其工资。经劳动行政部门批准实行综合计算工时工作制的，其综合计算工作时间超过法定标准工作时间的部分，应视为延长工作时间，并应按《工资支付暂行规定》支付劳动者延长工作时间的工资。实行不定时工时制度的劳动者，不执行上述规定。

◆ 第五十一条　法定休假日和婚丧假期间工资保障

劳动者在法定休假日和婚丧假期间以及依法参加社会活动期间，用人单位应当依法支付工资。

实用问答

劳动者在正常工作时间依法参加的哪些社会活动，用人单位应当依法支付劳动者工资？

答：根据《工资支付暂行规定》第10条的规定，劳动者在法定工作时间内依法参加社会活动期间，用人单位应视同其提供了正常劳动而支付工资。社会活动包括：依法行使选举权或被选举权；当选代表出席乡（镇）、区以上政府、党派、工会、青年团、妇女联合会等组织召开的会议；出任人民法庭证明人；出席劳动模范、先进工作者大会；《工会法》规定的不脱产工会基层委员会委员因工会活动占用的生产或工作时间；其他依法参加的社会活动。

第六章　劳动安全卫生

◆ 第五十二条　用人单位对劳动安全的职责

用人单位必须建立、健全劳动安全卫生制度，严格执行国家劳动安全卫生规程和标准，对劳动者进行劳动安全卫生教育，防止劳动过程中的事故，减少职业危害。

名词解释

劳动安全卫生制度，主要是指安全生产责任制、安全教育制度、安全检查制度、伤亡事故和职业病调查处理制度。

劳动安全卫生规程和标准，是指关于消除、限制或预防劳动过程中的危险和有害因素，保护职工安全与健康，保障设备、生产正常运行而制定的统一规定。

实用问答

劳动安全卫生标准分为几级?

答：劳动安全卫生标准分三级，即国家标准、行业标准和地方标准。

◆ 第五十三条　劳动安全卫生设施国家标准及“三同时”原则

劳动安全卫生设施必须符合国家规定的标准。

新建、改建、扩建工程的劳动安全卫生设施必须与主体工程同时设计、同时施工、同时投入生产和使用。

实用问答

劳动安全卫生设施主要指哪些设施？

答：劳动安全卫生设施，主要是指安全技术方面的设施、劳动卫生方面的设施、生产性辅助设施（如女工卫生室、更衣室、饮水设施等）。

◆ 第五十四条　劳动者劳动安全防护及健康检查

用人单位必须为劳动者提供符合国家规定的劳动安全卫生条件和必要的劳动防护用品，对从事有职业危害作业的劳动者应当定期进行健康检查。

名词解释

职业健康检查，是指医疗卫生机构按照国家有关规定，对从事接触职业病危害作业的劳动者进行的上岗前、在岗期间、离岗时的健康检查。

实用问答

对劳动者进行职业健康检查之前需要履行哪些程序？

答：职业健康检查机构开展职业健康检查应当与用人单位签订

委托协议书，由用人单位统一组织劳动者进行职业健康检查；也可以由劳动者持单位介绍信进行职业健康检查。

◆ 第五十五条 特种作业资格

从事特种作业的劳动者必须经过专门培训并取得特种作业资格。

名词解释

特种作业，是指容易发生事故，对操作者本人、他人的安全健康及设备、设施的安全可能造成重大危害的作业。

特种作业资格，是指特种作业人员在独立上岗之前，必须进行安全技术培训，并经过安全技术理论考试和实际操作技能考核，考核成绩合格者由劳动部门和有关部门发给《特种作业人员操作证》，它是国家职业资格证书的一种。

实用问答

1. 特种作业的范围有哪些？

答：根据劳动部办公厅印发的《关于〈中华人民共和国劳动法〉若干条文的说明》第55条第2款的规定，特种作业的范围有10类：（1）电工作业；（2）锅炉司炉；（3）压力容器操作；（4）起重机械作业；（5）爆破作业；（6）金属焊接（气割）作业；（7）煤矿井下瓦斯检验；（8）机动车辆驾驶；（9）机动船舶驾驶、轮机操作；（10）建筑登高架设作业。

2. 特种作业人员应当符合哪些条件？

答：根据《特种作业人员安全技术培训考核管理规定》第4条的规定，特种作业人员应当符合下列条件：（1）年满18周岁，且不超过国家法定退休年龄；（2）经社区或者县级以上医疗机构体检健康合格，并无妨碍从事相应特种作业的器质性心脏病、癫痫病、美尼尔氏症、眩晕症、癔病、震颤麻痹症、精神病、痴呆症以及其他疾病和生理缺陷；（3）具有初中及以上文化程度；（4）具备必要的安全技术知识与技能；（5）相应特种作业规定的其他条件。另外，危险化学品特种作业人员除符合前述第1项、第2项、第4项和第5项规定的条件外，应当具备高中或者相当于高中及以上文化程度。

3. 符合条件的特种作业人员上岗作业需取得什么证件?

答：根据《特种作业人员安全技术培训考核管理规定》第5条的规定，符合条件的特种作业人员必须经专门的安全技术培训并考核合格，取得《中华人民共和国特种作业操作证》后，方可上岗作业。

◆ 第五十六条　劳动者遵守安全操作规程的义务

劳动者在劳动过程中必须严格遵守安全操作规程。

劳动者对用人单位管理人员违章指挥、强令冒险作业，有权拒绝执行；对危害生命安全和身体健康的行为，有权提出批评、检举和控告。

名词解释

违章指挥，是指用人单位管理人员违反劳动安全卫生制度指挥员工作业。

强令冒险作业，是指用人单位管理人员采用暴力、威胁或其他手段强迫劳动者违规实施危害劳动安全卫生的作业。

◆ 第五十七条　伤亡事故和职业病统计报告、处理制度

国家建立伤亡事故和职业病统计报告和处理制度。县级以上各级人民政府劳动行政部门、有关部门和用人单位应当依法对劳动者在劳动过程中发生的伤亡事故和劳动者的职业病状况，进行统计、报告和处理。

名词解释

职业病，是指企业、事业单位和个体经济组织等用人单位的劳动者在职业活动中，因接触粉尘、放射性物质和其他有毒、有害因素而引起的疾病。

实用问答

1. 发生生产安全事故，应如何处理？

答：根据《生产安全事故报告和调查处理条例》第9条的规定，事故发生后，事故现场有关人员应当立即向本单位负责人报告；单位负责人接到报告后，应当于1小时内向事故发生地县级以上人民政府安全生产监督管理部门和负有安全生产监督管理职责的有关部门报告。情况紧急时，事故现场有关人员可以直接向事故发生地县级以上人民政府安全生产监督管理部门和负有安全生产监督管理职责的有关部门报告。第10条规定，安全生产监督管理部门和负有安全生产监督管理职责的有关部门接到事故报告后，应当依照下列规定上报事故情况，并通知公安机关、劳动保障行政部门、工会和人民检察院：（1）特别重大事故、重大事故逐级上报至国务院安全生产监督管理部门和负有安全生产监督管理职责的有关部门；（2）较大事故逐级上报至省、自治区、直辖市人民政府安全生产监督管理

部门和负有安全生产监督管理职责的有关部门；（3）一般事故上报至设区的市级人民政府安全生产监督管理部门和负有安全生产监督管理职责的有关部门。安全生产监督管理部门和负有安全生产监督管理职责的有关部门依照上述规定上报事故情况，应当同时报告本级人民政府。国务院安全生产监督管理部门和负有安全生产监督管理职责的有关部门以及省级人民政府接到发生特别重大事故、重大事故的报告后，应当立即报告国务院。必要时，安全生产监督管理部门和负有安全生产监督管理职责的有关部门可以越级上报事故情况。

2. 有关部门逐级上报事故情况，对每级上报的时间有何要求？

答：根据《生产安全事故报告和调查处理条例》第 11 条的规定，安全生产监督管理部门和负有安全生产监督管理职责的有关部门逐级上报事故情况，每级上报的时间不得超过 2 小时。

3. 报告事故应当包括哪些内容？

答：根据《生产安全事故报告和调查处理条例》第 12 条的规定，报告事故应当包括下列内容：（1）事故发生单位概况；（2）事故发生的时间、地点以及事故现场情况；（3）事故的简要经过；（4）事故已经造成或者可能造成的伤亡人数（包括下落不明的人数）和初步估计的直接经济损失；（5）已经采取的措施；（6）其他应当报告的情况。

4. 发生或者可能发生急性职业病危害事故时，应该如何处理？

答：根据《职业病防治法》第 37 条的规定，发生或者可能发生急性职业病危害事故时，用人单位应当立即采取应急救援和控制措施，并及时报告所在地卫生行政部门和有关部门。卫生行政部门接到报告后，应当及时会同有关部门组织调查处理；必要时，可以采取临时控制措施。卫生行政部门应当组织做好医疗救治工作。

对遭受或者可能遭受急性职业病危害的劳动者，用人单位应当及时组织救治、进行健康检查和医学观察，所需费用由用人单位承担。

5. 用人单位和医疗卫生机构发现职业病病人或者疑似职业病病人时，应该如何处理？

答：根据《职业病防治法》第50条的规定，用人单位和医疗卫生机构发现职业病病人或者疑似职业病病人时，应当及时向所在地卫生行政部门报告。确诊为职业病的，用人单位还应当向所在地劳动保障行政部门报告。接到报告的部门应当依法作出处理。

第七章　女职工和未成年工特殊保护

◆ 第五十八条　女职工和未成年工特殊劳动保护

国家对女职工和未成年工实行特殊劳动保护。

未成年工是指年满十六周岁未满十八周岁的劳动者。

实用问答

1. 我国对女职工实行特殊劳动保护主要表现在哪些方面？

答：根据《妇女权益保障法》《女职工劳动保护特别规定》等相关法律的规定，我国对女职工的特殊劳动保护主要包括：（1）国家保障妇女享有与男子平等的劳动权利。（2）实行男女同工同酬。（3）用人单位均应根据妇女的特点，依法保护妇女在工作和劳动时的安全和健康，不得安排不适合妇女从事的工作和劳动。用人单位应当按照国家有关规定，以自办或者联办的形式，逐步建立女职工卫生室、孕妇休息室、哺乳室、托儿所、幼儿园等设施，并妥善解决女职工在生理卫生、哺乳、照料婴儿等方面的困难。（4）国家发展社会保险、社会救济和医疗卫生事业，为年老、疾病或者丧失劳动能力的妇女获得物质帮助创造条件。

2. 我国对未成年工实行特殊劳动保护主要表现在哪些方面？

答：根据《未成年人保护法》《禁止使用童工规定》《未成年工特殊保护规定》等相关法律的规定，我国对未成年工的特殊劳动保护主要包括：（1）任何组织或者个人不得招用未满16周岁的未成年人，国家另有规定的除外。（2）任何组织或者个人依照国家有关规定招用已满16周岁未满18周岁的未成年人的，应当执行国家在工种、劳动时间、劳动强度和保护措施等方面的规定，不得安排其从事过重、有毒、有害等危害未成年人身心健康的劳动或者危险作业。（3）未成年人已经完成规定年限的义务教育不再升学的，政府有关部门和社会团体、企事业组织应当根据实际情况，对他们进行职业教育，为他们创造劳动就业条件。（4）在未成年工上岗前，用人单位应对其进行有关的职业安全卫生教育、培训。（5）对未成年工的使用和特殊保护实行登记制度。

◆ 第五十九条　女职工劳动强度限制

禁止安排女职工从事矿山井下、国家规定的第四级体力劳动强度的劳动和其他禁忌从事的劳动。

实用问答

女职工禁忌从事的劳动范围有哪些？

答：根据2012年4月28日公布的《女职工劳动保护特别规定》之规定，女职工禁忌从事的劳动范围包括：（1）矿山井下作业；（2）体力劳动强度分级标准中规定的第四级体力劳动强度的作业；（3）每小时负重6次以上、每次负重超过20公斤的作业，或者间断负重、每次负重超过25公斤的作业。

◆ 第六十条　经期劳动保护

不得安排女职工在经期从事高处、低温、冷水作业和国家规定的第三级体力劳动强度的劳动。

名词解释

高处作业，是指二级高处作业，即凡在坠落高度基准面5米以上（含5米）有可能坠落的高处进行的作业。

低温作业，是指在劳动生产过程中，其工作地点平均气温等于或低于5℃的作业。

冷水作业，是指在劳动生产过程中，操作人员接触冷水温度等于或小于12℃的作业。

实用问答

女职工在经期禁忌从事的劳动范围有哪些？

答：根据2012年4月28日公布的《女职工劳动保护特别规定》之规定，女职工在经期禁忌从事的劳动范围包括：（1）冷水作业分级标准中规定的第二级、第三级、第四级冷水作业；（2）低温作业分级标准中规定的第二级、第三级、第四级低温作业；（3）体力劳动强度分级标准中规定的第三级、第四级体力劳动强度的作业；（4）高处作业分级标准中规定的第三级、第四级高处作业。

◆ 第六十一条　孕期劳动保护

不得安排女职工在怀孕期间从事国家规定的第三级体力劳动强度的劳动和孕期禁忌从事的劳动。对怀孕七个月以上的女职工，不得安排其延长工作时间和夜班劳动。

实用问答

女职工在孕期禁忌从事的劳动范围有哪些？

答：根据2012年4月28日公布的《女职工劳动保护特别规定》

之规定，女职工在孕期禁忌从事的劳动范围包括：（1）作业场所空气中铅及其化合物、汞及其化合物、苯、镉、铍、砷、氰化物、氮氧化物、一氧化碳、二硫化碳、氯、己内酰胺、氯丁二烯、氯乙烯、环氧乙烷、苯胺、甲醛等有毒物质浓度超过国家职业卫生标准的作业；（2）从事抗癌药物、己烯雌酚生产，接触麻醉剂气体等的作业；（3）非密封源放射性物质的操作，核事故与放射事故的应急处置；（4）高处作业分级标准中规定的高处作业；（5）冷水作业分级标准中规定的冷水作业；（6）低温作业分级标准中规定的低温作业；（7）高温作业分级标准中规定的第三级、第四级的作业；（8）噪声作业分级标准中规定的第三级、第四级的作业；（9）体力劳动强度分级标准中规定的第三级、第四级体力劳动强度的作业；（10）在密闭空间、高压室作业或者潜水作业，伴有强烈振动的作业，或者需要频繁弯腰、攀高、下蹲的作业。

◆ 第六十二条　产假

女职工生育享受不少于九十天的产假。

实用问答

国家对女职工生育产假具体是如何规定的？

答：根据 2012 年 4 月 28 日公布的《女职工劳动保护特别规定》第 7 条的规定，女职工生育享受 98 天产假，其中产前可以休假 15 天；难产的，增加产假 15 天；生育多胞胎的，每多生育 1 个婴儿，增加产假 15 天。女职工怀孕未满 4 个月流产的，享受 15 天产假；怀孕满 4 个月流产的，享受 42 天产假。在上述期间内，用人单位不得解除劳动合同。

◆ **第六十三条　哺乳期劳动保护**

不得安排女职工在哺乳未满一周岁的婴儿期间从事国家规定的第三级体力劳动强度的劳动和哺乳期禁忌从事的其他劳动，不得安排其延长工作时间和夜班劳动。

实用问答

女职工在哺乳期禁忌从事的劳动范围有哪些？

答：根据2012年4月28日公布的《女职工劳动保护特别规定》之规定，女职工在哺乳期禁忌从事的劳动范围包括：（1）作业场所空气中铅及其化合物、汞及其化合物、苯、镉、铍、砷、氰化物、氮氧化物、一氧化碳、二硫化碳、氯、己内酰胺、氯丁二烯、氯乙烯、环氧乙烷、苯胺、甲醛等有毒物质浓度超过国家职业卫生标准的作业；（2）非密封源放射性物质的操作，核事故与放射事故的应急处置；（3）体力劳动强度分级标准中规定的第三级、第四级体力劳动强度的作业；（4）作业场所空气中锰、氟、溴、甲醇、有机磷化合物、有机氯化合物等有毒物质浓度超过国家职业卫生标准的作业。

◆ **第六十四条　未成年工劳动保护**

不得安排未成年工从事矿山井下、有毒有害、国家规定的第四级体力劳动强度的劳动和其他禁忌从事的劳动。

实用问答

用人单位不得安排未成年工从事哪些劳动？

答：根据《未成年工特殊保护规定》第3条的规定，用人单位不得安排未成年工从事以下范围的劳动：（1）《生产性粉尘作业危害程度分级》国家标准中第一级以上的接尘作业；（2）《有毒作业分级》国家标准中第一级以上的有毒作业；（3）《高处作业分级》国家标准中第二级以上的高处作业；（4）《冷水作业分级》国家标准中第二级以上的冷水作业；（5）《高温作业分级》国家标准中第三级以上的高温作业；（6）《低温作业分级》国家标准中第三级以上的低温作业；（7）《体力劳动强度分级》国家标准中第四级体力劳动强度的作业；（8）矿山井下及矿山地面采石作业；（9）森林业中的伐木、流放及守林作业；（10）工作场所接触放射性物质的作业；（11）有易燃易爆、化学性烧伤和热烧伤等危险性大的作业；（12）地质勘探和资源勘探的野外作业；（13）潜水、涵洞、涵道作业和海拔3000米以上的高原作业（不包括世居高原者）；（14）连续负重每小时在6次以上并每次超过20公斤，间断负重每次超过25公斤的作业；（15）使用凿岩机、捣固机、气镐、气铲、铆钉机、电锤的作业；（16）工作中需要长时间保持低头、弯腰、上举、下蹲等强迫体位和动作频率每分钟大于50次的流水线作业；（17）锅炉司炉。

◆ 第六十五条　未成年工健康检查

用人单位应当对未成年工定期进行健康检查。

实用问答

1. 用人单位应按哪些要求对未成年工进行健康检查？

答：根据《未成年工特殊保护规定》第6条的规定，用人单位应按下列要求对未成年工定期进行健康检查：（1）安排工作岗位之前；（2）工作满1年；（3）年满18周岁，距前一次的体检时间已超过半年。

2. 对不能胜任原劳动岗位的未成年工，应该怎么办？

答：根据《未成年工特殊保护规定》第 8 条的规定，用人单位应根据未成年工的健康检查结果安排其从事适合的劳动，对不能胜任原劳动岗位的，应根据医务部门的证明，予以减轻劳动量或安排其他劳动。

第八章 职 业 培 训

◆ 第六十六条 职业培训的目标

国家通过各种途径，采取各种措施，发展职业培训事业，开发劳动者的职业技能，提高劳动者素质，增强劳动者的就业能力和工作能力。

实用问答

1. 职业培训包括哪些种类？

答：根据《职业教育法》第 16 条第 1 款的规定，职业培训包括就业前培训、在职培训、再就业培训及其他职业性培训，可以根据实际情况分级分类实施。

2. 职业培训由谁实施？

答：根据《职业教育法》第 16 条第 2 款、第 3 款的规定，职业培训可以由相应的职业培训机构、职业学校实施。其他学校或者教育机构以及企业、社会组织可以根据办学能力、社会需求，依法开展面向社会的、多种形式的职业培训。

◆ 第六十七条　政府鼓励和支持职业培训

各级人民政府应当把发展职业培训纳入社会经济发展的规划，鼓励和支持有条件的企业、事业组织、社会团体和个人进行各种形式的职业培训。

实用问答

各级人民政府在发展职业培训方面负有何种职责？

答：根据《职业教育法》第7条、第8条的规定，各级人民政府应当将发展职业教育纳入国民经济和社会发展规划，与促进就业创业和推动发展方式转变、产业结构调整、技术优化升级等整体部署、统筹实施。国务院建立职业教育工作协调机制，统筹协调全国职业教育工作。国务院教育行政部门负责职业教育工作的统筹规划、综合协调、宏观管理。国务院教育行政部门、人力资源社会保障行政部门和其他有关部门在国务院规定的职责范围内，分别负责有关的职业教育工作。省、自治区、直辖市人民政府应当加强对本行政区域内职业教育工作的领导，明确设区的市、县级人民政府职业教育具体工作职责，统筹协调职业教育发展，组织开展督导评估。县级以上地方人民政府有关部门应当加强沟通配合，共同推进职业教育工作。

◆ 第六十八条　用人单位职业培训的责任

用人单位应当建立职业培训制度，按照国家规定提取和使用职业培训经费，根据本单位实际，有计划地对劳动者进行职业培训。

从事技术工种的劳动者，上岗前必须经过培训。

实用问答

用人单位安排职工接受职业教育的，在其接受职业教育期间还需要向其支付工资吗?

答： 根据《职业教育法》第58条第1款的规定，用人单位安排职工到职业学校或者职业培训机构接受职业教育的，应当在其接受职业教育期间依法支付工资，保障相关待遇。

◆ 第六十九条 职业技能标准和资格证书

国家确定职业分类，对规定的职业制定职业技能标准，实行职业资格证书制度，由经备案的考核鉴定机构负责对劳动者实施职业技能考核鉴定。

实用问答

职业资格证书有什么作用?

答： 职业资格证书是国家对申请人专业（工种）学识、技术、能力的认可，是求职、任职、独立开业和单位录用的主要依据。

第九章 社会保险和福利

◆ 第七十条 国家建立社会保险的责任

国家发展社会保险事业，建立社会保险制度，设立社会保险基金，使劳动者在年老、患病、工伤、失业、生育等情况下获得帮助和补偿。

实用问答

1. 社会保险制度主要包括哪些内容？

答：社会保险制度主要包括基本养老保险制度、基本医疗保险制度、工伤保险制度、失业保险制度、生育保险制度等。

2. 为什么要建立社会保险制度？

答：国家建立基本养老保险、基本医疗保险、工伤保险、失业保险、生育保险等社会保险制度，保障公民在年老、疾病、工伤、失业、生育等情况下依法从国家和社会获得物质帮助的权利。

3. 社会保险具有哪些特点？

答：社会保险具有以下三个特点：（1）社会共济。社会保险按照大数法则，在全社会范围内统一筹集资金，建立社会保险基金，实行互助共济。集合社会多数人的经济力量，均衡分担少数人遭遇的社会风险。社会保险的覆盖范围越广，统筹层次越高，抵御风险的能力就越强。（2）责任分担。社会风险由全体社会成员共同承担。

个人、用人单位、国家都应承担社会保险责任。参保人享受社会保险待遇，因此应缴纳社会保险费；用人单位承担一部分社会保险费用，以维护劳动力再生产的要求；社会财富是全体劳动者辛勤劳动创造的，国家通过税收方式参与国民财富分配，公共财政资金取之于民，也要用之于民，国家应当作为社会保险的后盾，承担起社会保险责任。（3）国家干预和主导。社会保险不同于商业保险，具有强制性，通过立法强制单位和个人参加，政府对社会保险工作进行监督。

◆ 第七十一条　社会保险水平的确立原则

社会保险水平应当与社会经济发展水平和社会承受能力相适应。

名词解释

社会保险水平，是指社会保险待遇的给付标准及费率水平。

实用问答

我国社会保险制度的方针是什么？

答：我国社会保险制度应当坚持以下方针：（1）广覆盖。广覆盖就是要扩大社会保险的覆盖面，将尽可能多的人纳入社会保险制度之中。（2）保基本。保基本，是指我国社会保险待遇以保障公民基本生活和需要为主，这是由我国经济发展水平相对落后决定的。（3）多层次。多层次表现在除了基本养老保险、基本医疗保险外，还有补充养老保险、补充医疗保险以及补充性的商业保险。（4）可持续。可持续，是指社会保险基金收支能够平衡，自身能够良性运行，在人口老龄化来临时基本养老保险制度能够持续，不给财政造成过大的压力，不给企业和个人造成太大的缴费压力。

◆ 第七十二条　社会统筹

社会保险基金按照保险类型确定资金来源，逐步实行社会统筹。用人单位和劳动者必须依法参加社会保险，缴纳社会保险费。

名词解释

社会统筹，是指社会保险基金在大范围内由社会保险经办机构依法统一征收、统一管理、在属地范围内统一调剂使用的筹集模式。社会统筹由国家、单位和个人共同负担。

实用问答

社会保险费由谁缴纳?

答：根据我国《社会保险法》的规定，（1）对于基本养老保险而言，职工应当参加基本养老保险，由用人单位和职工共同缴纳基本养老保险费。无雇工的个体工商户、未在用人单位参加基本养老保险的非全日制从业人员以及其他灵活就业人员可以参加基本养老保险，由个人缴纳基本养老保险费。公务员和参照《公务员法》管理的工作人员养老保险的办法由国务院规定。基本养老保险实行社会统筹与个人账户相结合。（2）对于基本医疗保险而言，职工应当参加职工基本医疗保险，由用人单位和职工按照国家规定共同缴纳基本医疗保险费。无雇工的个体工商户、未在用人单位参加职工基本医疗保险的非全日制从业人员以及其他灵活就业人员可以参加职工基本医疗保险，由个人按照国家规定缴纳基本医疗保险费。（3）对于工伤保险而言，职工应当参加工伤保险，由用人单位缴纳工伤保险费，职工不缴纳工伤保险费。用人单位应当按照本单位职工工资总额，根据社会保险经办机构确定的费率缴纳工伤保险费。（4）对于失业保险而言，职工应当参加失业保险，由用人单位和职工按照国家规定共同缴纳失业保险费。（5）对于生育保险而言，职工应当参加生育保险，由用人单位按照国家规定缴纳生育保险费，职工不缴纳生育保险费。

◆ 第七十三条　享受社会保险的情形

劳动者在下列情形下，依法享受社会保险待遇：

（一）退休；

（二）患病、负伤；

（三）因工伤残或者患职业病；

（四）失业；

（五）生育。

劳动者死亡后，其遗属依法享受遗属津贴。

劳动者享受社会保险待遇的条件和标准由法律、法规规定。

劳动者享受的社会保险金必须按时足额支付。

实用问答

1. 享受社会保险待遇，需要具备哪些条件？

答：享受社会保险待遇，必须具备以下法定条件：（1）具备享受社会保险待遇的主体资格。即享受社会保险待遇的必须是被保险人和受益人。（2）实际发生法定的社会保险事故，主要是指衰老、失业、伤残、疾病等劳动风险事故。

2. 失业人员从失业保险基金中领取失业保险金，需要符合什么条件？

答：失业人员从失业保险基金中领取失业保险金，需要符合以下几个条件：（1）失业人员失业前用人单位和本人已经缴纳失业保险费满1年；（2）失业人员非因本人意愿中断就业；（3）失业者已经进行失业登记，并有求职要求。同时，失业人员在领取失业保险金期间，参加职工基本医疗保险，享受基本医疗保险待遇。

3. 生育保险待遇包括哪些内容？

答：生育保险待遇包括生育医疗费用和生育津贴。生育医疗费用，是指由医院为生育女职工提供的妊娠、分娩、产后的医疗照顾以及职工实施节育手术时所产生的费用。生育津贴，是指国家法律法规规定对职业妇女因生育而离开工作岗位期间给予的生活费用，用以保障女职工产假期间的基本生活需要。

典型案例

转承包建设工程的个人招用的劳动者被认定工伤后，承包人负有支付工伤保险待遇的责任
——某建筑公司与张某工伤保险待遇纠纷案[①]

典型意义

工伤保险作为社会保障体系的重要组成部分，对于保障工伤职工的权益、促进社会公平具有重要意义。实践中，有的承包人为了规避直接用工的劳动法义务，将其承包的业务转包、分包给不具备合法经营资格的组织或者个人。此类组织或者个人往往没有足够的能力承担相应的法律责任。《最高人民法院关于审理工伤保险行政案件若干问题的规定》第三条第一

① 参见最高人民法院官网2025年8月1日，https：//www. court. gov. cn/zixun/xiangqing/472681. html。

款规定："社会保险行政部门认定下列单位为承担工伤保险责任单位的，人民法院应予支持：……（四）用工单位违反法律、法规规定将承包业务转包给不具备用工主体资格的组织或者自然人，该组织或者自然人聘用的职工从事承包业务时因工伤亡的，用工单位为承担工伤保险责任的单位；……"发生工伤后，劳动者可以向社会保险行政部门申请认定工伤、承包人为承担工伤保险责任的单位。认定工伤后，如果承包人未为劳动者缴纳工伤保险费，劳动者可以要求承包人承担支付工伤保险待遇的责任。本案中，承包人承担支付工伤保险待遇等用工主体责任的规则，既体现了对转包、分包行为的否定性评价，又能够使劳动者在发生工伤后获得及时救济，有利于健全和规范建筑市场秩序，充分保护劳动者的合法权益。

◆ 第七十四条 社会保险基金

社会保险基金经办机构依照法律规定收支、管理和运营社会保险基金，并负有使社会保险基金保值增值的责任。

社会保险基金监督机构依照法律规定，对社会保险基金的收支、管理和运营实施监督。

社会保险基金经办机构和社会保险基金监督机构的设立和职能由法律规定。

任何组织和个人不得挪用社会保险基金。

实用问答

1. 社会保险基金包括哪些种类？

答：根据《社会保险法》第 64 条第 1 款的规定，社会保险基金包括基本养老保险基金、基本医疗保险基金、工伤保险基金、失业保险基金和生育保险基金。

2. 最高人民法院在审理和执行民事、经济纠纷案件时可以查封、冻结和扣划社会保险基金吗？

答：根据《最高人民法院关于在审理和执行民事、经济纠纷案件时不得查封、冻结和扣划社会保险基金的通知》的规定，社会保险基金是由社会保险机构代参保人员管理，并最终由参保人员享用的公共基金，不属于社会保险机构所有。社会保险机构对该项基金设立专户管理，专款专用，专项用于保障企业退休职工、失业人员的基本生活需要，属专项资金，不得挪作他用。因此，各地人民法院在审理和执行民事、经济纠纷案件时，不得查封、冻结或扣划社会保险基金；不得用社会保险基金偿还社会保险机构及其原下属企业的债务。

◆ 第七十五条　补充保险和个人储蓄性保险

国家鼓励用人单位根据本单位实际情况为劳动者建立补充保险。

国家提倡劳动者个人进行储蓄性保险。

名词解释

企业年金，是指企业及其职工在依法参加基本养老保险的基础上，自主建立的补充养老保险制度。

实用问答

1. 企业年金所需费用由谁缴纳？如何投资运营企业年金？

答：根据《企业年金办法》第3条的规定，企业年金所需费用由企业和职工个人共同缴纳。企业年金基金实行完全积累，为每个参加企业年金的职工建立个人账户，按照国家有关规定投资运营。

企业年金基金投资运营收益并入企业年金基金。

2. 企业年金方案包括哪些内容？其适用于哪些人群？

答：根据《企业年金办法》第8条的规定，企业年金方案应当包括以下内容：（1）参加人员；（2）资金筹集与分配的比例和办法；（3）账户管理；（4）权益归属；（5）基金管理；（6）待遇计发和支付方式；（7）方案的变更和终止；（8）组织管理和监督方式；（9）双方约定的其他事项。企业年金方案适用于企业试用期满的职工。

◆ 第七十六条　国家和用人单位发展福利事业的职责

国家发展社会福利事业，兴建公共福利设施，为劳动者休息、休养和疗养提供条件。

用人单位应当创造条件，改善集体福利，提高劳动者的福利待遇。

第十章　劳 动 争 议

◆ 第七十七条　劳动争议处理方式

用人单位与劳动者发生劳动争议，当事人可以依法申请调解、仲裁、提起诉讼，也可以协商解决。

调解原则适用于仲裁和诉讼程序。

实用问答

1. 哪些纠纷属于劳动争议？

答：根据《最高人民法院关于审理劳动争议案件适用法律问题的解释（一）》第1条的规定，劳动者与用人单位之间发生的下列纠纷，属于劳动争议，当事人不服劳动争议仲裁机构作出的裁决，依法提起诉讼的，人民法院应予受理：（1）劳动者与用人单位在履行劳动合同过程中发生的纠纷；（2）劳动者与用人单位之间没有订立书面劳动合同，但已形成劳动关系后发生的纠纷；（3）劳动者与用人单位因劳动关系是否已经解除或者终止，以及应否支付解除或者终止劳动关系经济补偿金发生的纠纷；（4）劳动者与用人单位解除或者终止劳动关系后，请求用人单位返还其收取的劳动合同定金、保证金、抵押金、抵押物发生的纠纷，或者办理劳动者的人事档案、社会保险关系等移转手续发生的纠纷；（5）劳动者以用人单位未为其办理社会保险手续，且社会保险经办机构不能补办导致其无法享受社会保险待遇为由，要求用人单位赔偿损失发生的纠纷；（6）劳动者退休后，与尚未参加社会保险统筹的原用人单位因追索养老金、医疗费、工伤保险待遇和其他社会保险待遇而发生的纠纷；（7）劳动者因为工伤、职业病，请求用人单位依法给予工伤保险待遇发生的纠纷；（8）劳动者依据《劳动合同法》第85条规定，要求用人单位支付加付赔偿金发生的纠纷；（9）因企业自主进行改制发生的纠纷。

2. 哪些纠纷不属于劳动争议?

答：根据《最高人民法院关于审理劳动争议案件适用法律问题的解释（一）》第2条的规定，下列纠纷不属于劳动争议：（1）劳动者请求社会保险经办机构发放社会保险金的纠纷；（2）劳动者与用人单位因住房制度改革产生的公有住房转让纠纷；（3）劳动者对劳动能力鉴定委员会的伤残等级鉴定结论或者对职业病诊断鉴定委员会的职业病诊断鉴定结论的异议纠纷；（4）家庭或者个人与家政服务人员之间的纠纷；（5）个体工匠与帮工、学徒之间的纠纷；（6）农村承包经营户与受雇人之间的纠纷。

◆ 第七十八条　解决劳动争议的原则

解决劳动争议，应当根据合法、公正、及时处理的原则，依法维护劳动争议当事人的合法权益。

实用问答

解决劳动争议应当遵循什么原则?

答：《劳动争议调解仲裁法》第3条规定，解决劳动争议，应当根据事实，遵循合法、公正、及时、着重调解的原则，依法保护当事人的合法权益。

◆ 第七十九条　调解和仲裁

劳动争议发生后，当事人可以向本单位劳动争议调解委员会申请调解；调解不成，当事人一方要求仲裁的，可以向劳动争议仲裁委员会申请仲裁。当事人一方也可以直接向劳动争议仲裁委员会申请仲裁。对仲裁裁决不服的，可以向人民法院提起诉讼。

名词解释

调解，是指用人单位劳动争议调解委员会对当事人之间发生的劳动争议进行调解的过程。它不包括劳动争议在仲裁或诉讼环节的调解活动。

仲裁，是指劳动争议仲裁委员会对当事人申请仲裁的劳动争议案件进行仲裁裁决的过程。

诉讼，是指人民法院对当事人提请审理的劳动争议案件进行审理并作出判决的过程。

实用问答

1. 对于劳动争议案件，当事人可以放弃调解吗？

答：可以。对于劳动争议案件，调解程序是法定程序，但不是必经程序，当事人享有是否选择调解的自主决定权。当事人可以通过申请由本单位劳动争议调解委员会对争议进行调解，也可以直接向劳动争议仲裁委员会申请仲裁。

2. 对于劳动争议案件，当事人可以直接向人民法院起诉吗？

答：不可以。在我国，仲裁程序是劳动争议处理的法定必经程序，也是劳动争议案件提请人民法院审理的前置条件。只有在案件经过仲裁委员会仲裁之后，当事人对裁决不服时，才能向人民法院起诉；否则，人民法院不予受理。

3. 当事人在仲裁期间因自身原因未提出仲裁时效抗辩，在一审或者二审诉讼期间提出仲裁时效抗辩的，人民法院应如何处理？

答：根据《最高人民法院关于审理劳动争议案件适用法律问题的解释（二）》第20条的规定，当事人在仲裁期间因自身原因未提出仲裁时效抗辩，在一审或者二审诉讼期间提出仲裁时效抗辩的，人民法院不予支持。当事人基于新的证据能够证明对方当事人请求权的仲裁时效期间届满的，人民法院应予支持。当事人未按照前述规定提出仲裁时效抗辩，以仲裁时效期间届满为由申请再审或者提出再审抗辩的，人民法院不予支持。

典型案例

加班费的仲裁时效应当如何认定①

要旨：本案的争议焦点是张某关于加班费的请求是否超过仲裁时效。

《劳动争议调解仲裁法》第27条规定：“劳动争议申请仲裁的时效期间为一年。仲裁时效期间从当事人知道或者应当知道其权利被侵害之日起计算……劳动关系存续期间因拖欠劳动报酬发生争议的，劳动者申请仲裁不受本条第一款规定的仲裁时效期间的限制；但是，劳动关系终止的，应当自劳动关系终止之日起一年内提出。”《劳动法》第44条规定：“有下列情形之一的，用人单位应当按照下列标准支付高于劳动者正常工作时间工资

① 参见最高人民法院官网2021年8月26日，https：//www. court. gov. cn/zixun－xiangqing－319151. html。

的工资报酬：……"《关于工资总额组成的规定》（国家统计局令第1号）第4条规定："工资总额由下列六个部分组成：……（五）加班加点工资；……"仲裁时效分为普通仲裁时效和特别仲裁时效。在劳动关系存续期间因拖欠劳动报酬发生劳动争议的，应当适用特别仲裁时效，即劳动关系存续期间的拖欠劳动报酬仲裁时效不受"知道或者应当知道权利被侵害之日起一年"的限制；但是劳动关系终止的，应当自劳动关系终止之日起一年内提出。加班费属于劳动报酬，相关争议处理中应当适用特别仲裁时效。

本案中，某建筑公司主张张某加班费的请求已经超过了一年的仲裁时效，不应予以支持。人民法院认为，张某与某建筑公司的劳动合同于2019年2月解除，其支付加班费的请求应自劳动合同解除之日起一年内提出，张某于2019年12月提出仲裁申请，其请求并未超过仲裁时效。根据劳动保障监察机构在执法中调取的工资表上的考勤记录，人民法院认定张某存在加班的事实，判决某建筑公司支付张某加班费。

◆ 第八十条　劳动争议调解委员会

在用人单位内，可以设立劳动争议调解委员会。劳动争议调解委员会由职工代表、用人单位代表和工会代表组成。劳动争议调解委员会主任由工会代表担任。

劳动争议经调解达成协议的，当事人应当履行。

实用问答

劳动者可以向企业劳动争议调解委员会反映哪些问题？

答：根据《企业劳动争议协商调解规定》第4条第2款、第3款的规定，劳动者认为企业在履行劳动合同、集体合同，执行劳动保障法律、法规和企业劳动规章制度等方面存在问题的，可以向企业劳动争议调解委员会提出。企业劳动争议调解委员会应当及时核实情况，协调企业进行整改或者向劳动者做出说明。劳动者也可以通过企业劳动争议调解委员会向企业提出其他合理诉求。企业劳动争议调解委员会应当及时向企业转达，并向劳动者反馈情况。

◆ 第八十一条　劳动争议仲裁委员会

劳动争议仲裁委员会由劳动行政部门代表、同级工会代表、用人单位方面的代表组成。劳动争议仲裁委员会主任由劳动行政部门代表担任。

实用问答

劳动争议仲裁委员会依法履行哪些职责？

答：根据《劳动人事争议仲裁组织规则》第 7 条的规定，仲裁委员会依法履行下列职责：（1）聘任、解聘专职或者兼职仲裁员；（2）受理争议案件；（3）讨论重大或者疑难的争议案件；（4）监督本仲裁委员会的仲裁活动；（5）制定本仲裁委员会的工作规则；（6）其他依法应当履行的职责。

◆ 第八十二条　申请仲裁期限

提出仲裁要求的一方应当自劳动争议发生之日起六十日内向劳动争议仲裁委员会提出书面申请。仲裁裁决一般应在收到仲裁申请的六十日内作出。对仲裁裁决无异议的，当事人必须履行。

名词解释

劳动争议发生之日，是指当事人知道或者应当知道其权利被侵害之日。

实用问答

1. 仲裁申请书应当载明哪些内容？

答：根据《劳动争议调解仲裁法》第 28 条第 1 款、第 2 款的规定，申请人申请仲裁应当提交书面仲裁申请，并按照被申请人人数提交副本。仲裁申请书应当载明下列事项：（1）劳动者的姓名、性别、年龄、职业、工作单位和住所，用人单位的名称、住所和法定代表人或者主要负责人的姓名、职务；（2）仲裁请求和所根据的事实、理由；（3）证据和证据来源、证人姓名和住所。

2. 书写仲裁申请确有困难的，怎么办？

答：根据《劳动争议调解仲裁法》第 28 条第 3 款的规定，书写仲裁申请确有困难的，可以口头申请，由劳动争议仲裁委员会记入笔录，并告知对方当事人。

第八十三条　诉讼和仲裁裁决的执行

劳动争议当事人对仲裁裁决不服的，可以自收到仲裁裁决书之日起十五日内向人民法院提起诉讼。一方当事人在法定期限内不起诉又不履行仲裁裁决的，另一方当事人可以申请人民法院强制执行。

名词解释

强制执行，是指人民法院基于当事人的请求，依照法律规定的程序，运用国家强制力，强制对方当事人履行已经生效的仲裁调解协议书、裁决书及人民法院判决、裁定中所规定的义务的一种司法行为。

实用问答

1. 哪些劳动争议的仲裁裁决书自作出之日起发生法律效力？

答：根据《劳动争议调解仲裁法》第47条的规定，下列劳动争议，除《劳动争议调解仲裁法》另有规定的外，仲裁裁决为终局裁决，裁决书自作出之日起发生法律效力：（1）追索劳动报酬、工伤医疗费、经济补偿或者赔偿金，不超过当地月最低工资标准12个月金额的争议；（2）因执行国家的劳动标准在工作时间、休息休假、社会保险等方面发生的争议。

2. 一方当事人逾期不履行发生法律效力的调解书、裁决书，另一方当事人应该怎么办？

答：根据《劳动争议调解仲裁法》第51条的规定，当事人对发生法律效力的调解书、裁决书，应当依照规定的期限履行。一方当事人逾期不履行的，另一方当事人可以依照《民事诉讼法》的有关规定向人民法院申请执行。受理申请的人民法院应当依法执行。

◆ 第八十四条　集体合同争议处理

因签订集体合同发生争议，当事人协商解决不成的，当地人民政府劳动行政部门可以组织有关各方协调处理。

因履行集体合同发生争议，当事人协商解决不成的，可以向劳动争议仲裁委员会申请仲裁；对仲裁裁决不服的，可以自收到仲裁裁决书之日起十五日内向人民法院提起诉讼。

实用问答

1. 集体协商过程中发生争议，双方当事人不能协商解决的，怎么处理？

答：根据《集体合同规定》第49条的规定，集体协商过程中发生争议，双方当事人不能协商解决的，当事人一方或双方可以书面向劳动保障行政部门提出协调处理申请；未提出申请的，劳动保障行政部门认为必要时也可以进行协调处理。

2. 协调处理集体协商争议的期限是多久？

答：根据《集体合同规定》第52条的规定，协调处理集体协商争议，应当自受理协调处理申请之日起30日内结束协调处理工作。期满未结束的，可以适当延长协调期限，但延长期限不得超过15日。

3. 协调处理集体协商争议应当按照什么程序进行？

答：根据《集体合同规定》第53条的规定，协调处理集体协商争议应当按照以下程序进行：（1）受理协调处理申请；（2）调查了解争议的情况；（3）研究制定协调处理争议的方案；（4）对争议进行协调处理；（5）制作《协调处理协议书》。

第十一章　监 督 检 查

◆ 第八十五条　劳动监察

县级以上各级人民政府劳动行政部门依法对用人单位遵守劳动法律、法规的情况进行监督检查，对违反劳动法律、法规的行为有权制止，并责令改正。

实用问答

1. 劳动保障监察工作由哪个部门负责？

答：根据《劳动保障监察条例》第 3 条的规定，国务院劳动保障行政部门主管全国的劳动保障监察工作。县级以上地方各级人民政府劳动保障行政部门主管本行政区域内的劳动保障监察工作。县级以上各级人民政府有关部门根据各自职责，支持、协助劳动保障行政部门的劳动保障监察工作。

2. 劳动保障行政部门对哪些事项实施劳动保障监察？

答：根据《劳动保障监察条例》第 11 条的规定，劳动保障行政部门对下列事项实施劳动保障监察：（1）用人单位制定内部劳动保障规章制度的情况；（2）用人单位与劳动者订立劳动合同的情况；（3）用人单位遵守禁止使用童工规定的情况；（4）用人单位遵守女职工和未成年工特殊劳动保护规定的情况；（5）用人单位遵守工作时间和休息休假规定的情况；（6）用人单位支付劳动者工资和执行最低工资标准的情况；（7）用人单位参加各项社会保险和缴纳社会保险费的情况；（8）职业介绍机构、职业技能培训机构和职业技能考核鉴定机构遵守国家有关职业介绍、职业技能培训和职业技能考核鉴定的规定的情况；（9）法律、法规规定的其他劳动保障监察事项。

◆ 第八十六条　劳动监察程序

县级以上各级人民政府劳动行政部门监督检查人员执行公务，有权进入用人单位了解执行劳动法律、法规的情况，查阅必要的资料，并对劳动场所进行检查。

县级以上各级人民政府劳动行政部门监督检查人员执行公务，必须出示证件，秉公执法并遵守有关规定。

实用问答

劳动保障行政部门实施劳动保障监察，有权采取哪些调查、检查措施？

答：根据《劳动保障监察条例》第15条第1款的规定，劳动保障行政部门实施劳动保障监察，有权采取下列调查、检查措施：（1）进入用人单位的劳动场所进行检查；（2）就调查、检查事项询问有关人员；（3）要求用人单位提供与调查、检查事项相关的文件资料，并作出解释和说明，必要时可以发出调查询问书；（4）采取记录、录音、录像、照相或者复制等方式收集有关情况和资料；（5）委托会计师事务所对用人单位工资支付、缴纳社会保险费的情况进行审计；（6）法律、法规规定可以由劳动保障行政部门采取的其他调查、检查措施。

◆ 第八十七条　政府监督

县级以上各级人民政府有关部门在各自职责范围内，对用人单位遵守劳动法律、法规的情况进行监督。

实用问答

《劳动法》第 87 条中的"县级以上各级人民政府有关部门"主要指哪些部门？

答：根据《劳动合同法》第 76 条的规定，县级以上人民政府建设、卫生、安全生产监督管理等有关主管部门在各自职责范围内，对用人单位执行劳动合同制度的情况进行监督管理。由此可见，县级以上各级人民政府有关部门主要指建设、卫生、安全生产监督管理等部门。

◆ 第八十八条　工会监督和组织、个人检举、控告

各级工会依法维护劳动者的合法权益，对用人单位遵守劳动法律、法规的情况进行监督。

任何组织和个人对于违反劳动法律、法规的行为有权检举和控告。

实用问答

工会的监督权体现在哪些方面？

答：根据《工会法》的规定，工会的监督权及于劳动合同和集体合同的订立、用人单位履行劳动合同和集体合同、用人单位解除劳动合同等各个环节。用人单位违反劳动法律、法规或者劳动合同

的，工会有权提出意见或者要求纠正，用人单位应当研究工会的意见，并将处理结果书面通知工会；用人单位违反集体合同，侵犯劳动者合法权益的，工会可以依法要求用人单位承担责任。职工认为用人单位侵犯其劳动权益而申请劳动争议仲裁或者向人民法院提起诉讼的，工会应当给予支持和帮助。

第十二章　法 律 责 任

◆ 第八十九条　劳动规章违法的处罚

用人单位制定的劳动规章制度违反法律、法规规定的，由劳动行政部门给予警告，责令改正；对劳动者造成损害的，应当承担赔偿责任。

名词解释

劳动规章制度，是指用人单位依法制定的，明确劳动条件、规范劳动关系当事人行为的各种规章、制度的总称。

实用问答

1. 劳动规章制度的内容主要包括哪些？

答：劳动规章制度的内容主要包括劳动合同管理、工资管理、社会保险福利待遇、工时休假、职工奖惩以及其他劳动管理规定。

2. 劳动规章制度的制定程序是怎样的？

答：劳动规章制度的制定有两个法定环节：（1）职工参与的民主程序。根据《劳动合同法》第4条第2款、第3款的规定，用人单位在制定、修改或者决定有关劳动报酬、工作时间、休息休假、劳动安全卫生、保险福利、职工培训、劳动纪律以及劳动定额管理等直接涉及劳动者切身利益的规章制度或者重大事项时，应当经职工代表大会或者全体职工讨论，提出方案和意见，与工会或者职工代表平等协商确定。在规章制度和重大事项决定实施过程中，工会或者职工认为不适当的，有权向用人单位提出，通过协商予以修改完善。根据《劳动合同法》第80条的规定，用人单位直接涉及劳动者切身利益的规章制度违反法律、法规规定的，由劳动行政部门责令改正，给予警告；给劳动者造成损害的，应当承担赔偿责任。(2) 公示。劳动规章制度以全体职工为约束对象，因此，《劳动合同法》第4条第4款规定，用人单位应当将直接涉及劳动者切身利益的劳动规章制度和重大事项决定公示，或者告知劳动者。公示应当采用正规、公开、可以永久或较长时间持续的方法。为便于日后履行举证责任，用人单位对公示和告知劳动者应当作书面记载。

3. 劳动规章制度的生效需要具备哪些要件？

答：劳动规章制度的生效要件包括两个：(1) 劳动规章制度的内容合法。用人单位制定的劳动规章制度是管理劳动者的规则，不能与法律相抵触，更不能损害劳动者的合法权益。(2) 劳动规章制度的制定程序合法。有权代表用人单位制定劳动规章制度的主体，须经过法定的职工参与民主程序，并向所有劳动者公示。用人单位在制定、修改或者决定直接涉及劳动者切身利益的规章制度或者重大事项时，未经过《劳动合同法》第4条第2款规定的民主程序的，原则上不能作为用人单位用工管理的依据。

4. 用人单位制定的劳动规章制度违反法律、法规规定的，劳动者应该怎么办？

答：用人单位在制定直接涉及劳动者切身利益的劳动规章制度时，必须实体及程序都合法。用人单位制定直接涉及劳动者切身利益的规章制度无论是实体不合法还是程序不合法，劳动者都可以不予遵守，并且可以向劳动行政部门举报或投诉。

5. 用人单位制定的劳动规章制度违反法律、法规规定的，需要承担何种法律责任？

答：用人单位制定的劳动规章制度违反法律、法规规定，需要承担如下法律责任：（1）由劳动行政部门责令改正，并给予用人单位警告的行政处罚；（2）如果用人单位的规章制度给劳动者造成人身伤害或财产损失的，用人单位应当承担民事赔偿责任，赔偿范围包括物质赔偿和精神损害赔偿。

典型案例

用人单位以规章制度形式否认劳动者加班事实是否有效[①]

要旨：本案的争议焦点是某网络公司以规章制度形式否认常某加班事实是否有效。

《劳动合同法》第4条规定："用人单位应当依法建立和完善劳动规章制度，保障劳动者享有劳动权利、履行劳动义务。用人单位在制定、修改或者决定有关劳动报酬、工作时间、休息休假、劳动安全卫生、保险福利、职工培训、劳动纪律以及劳动定额管理等直接涉及劳动者切身利益的规章制度或者重大事项时，应当经职工代表大会或者全体职工讨论，提出方案和意见，与工会或者职工代表平等协商确定……用人单位应当将直接涉及劳动者切身利益的规章制度和重大事项决定公示，或者告知劳动者。"通过民主程序制定的规章制度，不违反国家法律、行政法规及

① 参见最高人民法院官网2021年8月26日，https://www.court.gov.cn/zixun-xiangqing-319151.html。

政策规定，并已向劳动者公示的，可以作为确定双方权利义务的依据。

本案中，一方面，某网络公司的员工手册规定有加班申请审批制度，该规定并不违反法律规定，且具有合理性，在劳动者明知此规定的情况下，可以作为确定双方权利义务的依据。另一方面，某网络公司的员工手册规定21:00之后起算加班时间，并主张18:00至21:00是员工晚餐和休息时间，故自21:00起算加班。鉴于18:00至21:00时间长达3个小时，远超过合理用餐时间，且在下班3个小时后再加班，不具有合理性。在某网络公司不能举证证实该段时间为员工晚餐和休息时间的情况下，其规章制度中的该项规定不具有合理性，人民法院依法否定了其效力。人民法院结合考勤记录、工作系统记录等证据，确定了常某的加班事实，判决某网络公司支付常某加班费差额。

◆ 第九十条　违法延长工时的处罚

用人单位违反本法规定，延长劳动者工作时间的，由劳动行政部门给予警告，责令改正，并可以处以罚款。

名词解释

延长劳动者工作时间，是指用人单位在国家允许的标准工作时间和延长工作时间之外，再延长劳动者的工作时间。

实用问答

用人单位延长劳动者工作时间主要包括哪些情形？

答：用人单位延长劳动者工作时间主要包括以下几种情形：（1）用人单位因生产需要安排劳动者的工作时间，每日超出9小时（即标准工作时间8小时加允许延长工作时间1小时）；（2）用人单位因特殊原因需要延长工作时间的，每日超出 11 小时（即标准工作时间 8 小时加允许延长工作时间 3 小时）；（3）用人单位延长劳动者的工作时间每月累计超过 36 小时；（4）用人单位占用劳动者的休息时间（每工作 5 天，享有 2 天的休息时间）而不给予补休，视同用人单位延长了劳动者的工作时间，并应当包括在每月 36 小时的最高延长工作时间之内；（5）实行其他工作时间制度的用人单位，按照上述标准折算后，超出上述规定的；（6）用人单位未与工会和劳动者协商，强迫劳动者延长工作时间的。

◆ 第九十一条　工资及经济补偿支付违法的处罚

用人单位有下列侵害劳动者合法权益情形之一的，由劳动行政部门责令支付劳动者的工资报酬、经济补偿，并可以责令支付赔偿金：

（一）克扣或者无故拖欠劳动者工资的；

（二）拒不支付劳动者延长工作时间工资报酬的；

（三）低于当地最低工资标准支付劳动者工资的；

（四）解除劳动合同后，未依照本法规定给予劳动者经济补偿的。

◆ 第九十二条　用人单位违反劳保规定的处罚

用人单位的劳动安全设施和劳动卫生条件不符合国家规定或者未向劳动者提供必要的劳动防护用品和劳动保护设施的，由劳动行政部门或者有关部门责令改正，可以处以罚款；情节严重的，提请县级以上人民政府决定责令停产整顿；对事故隐患不采取措施，致使发生重大事故，造成劳动者生命和财产损失的，对责任人员依照刑法有关规定追究刑事责任。

实用问答

用人单位的安全生产设施或者安全生产条件不符合国家规定，发生重大伤亡事故或者造成其他严重后果的，如何处罚？

答：根据《刑法》第135条的规定，安全生产设施或者安全生产条件不符合国家规定，因而发生重大伤亡事故或者造成其他严重后果的，对直接负责的主管人员和其他直接责任人员，处3年以下有期徒刑或者拘役；情节特别恶劣的，处3年以上7年以下有期徒刑。

◆ 第九十三条　违章作业发生重大责任事故的处罚

用人单位强令劳动者违章冒险作业，发生重大伤亡事故，造成严重后果的，对责任人员依法追究刑事责任。

名词解释

重大伤亡事故，是指造成多人死伤或者造成直接经济损失数额较大的事故。

实用问答

用人单位强令劳动者违章冒险作业，造成严重后果的，对责任人员如何追究刑事责任？

答：根据《刑法》第134条第2款的规定，强令他人违章冒险作业，或者明知存在重大事故隐患而不排除，仍冒险组织作业，因而发生重大伤亡事故或者造成其他严重后果的，处5年以下有期徒刑或者拘役；情节特别恶劣的，处5年以上有期徒刑。

◆ 第九十四条　非法招用未成年工的处罚

用人单位非法招用未满十六周岁的未成年人的，由劳动行政部门责令改正，处以罚款；情节严重的，由市场监督管理部门吊销营业执照。

实用问答

1. 用人单位使用未满 16 周岁的未成年人的，如何处罚？

答：根据《禁止使用童工规定》第 6 条第 1 款的规定，用人单位使用童工的，由劳动保障行政部门按照每使用一名童工每月处 5000 元罚款的标准给予处罚；在使用有毒物品的作业场所使用童工的，按照《使用有毒物品作业场所劳动保护条例》规定的罚款幅度，或者按照每使用一名童工每月处 5000 元罚款的标准，从重处罚。劳动保障行政部门并应当责令用人单位限期将童工送回原居住地交其父母或者其他监护人，所需交通和食宿费用全部由用人单位承担。

2. 用人单位经劳动保障行政部门责令限期改正，逾期仍不将童工送交其父母或者其他监护人的，如何处罚？

答：根据《禁止使用童工规定》第 6 条第 2 款的规定，用人单位经劳动保障行政部门依照第 1 款规定责令限期改正，逾期仍不将童工送交其父母或者其他监护人的，从责令限期改正之日起，由劳动保障行政部门按照每使用一名童工每月处 1 万元罚款的标准处罚，并由工商行政管理部门吊销其营业执照或者由民政部门撤销民办非企业单位登记；用人单位是国家机关、事业单位的，由有关单位依法对直接负责的主管人员和其他直接责任人员给予降级或者撤职的行政处分或者纪律处分。

◆ 第九十五条　侵害女工和未成年工合法权益的处罚

用人单位违反本法对女职工和未成年工的保护规定，侵害其合法权益的，由劳动行政部门责令改正，处以罚款；对女职工或者未成年工造成损害的，应当承担赔偿责任。

◆ 第九十六条　侵害劳动者人身权利的处罚

用人单位有下列行为之一，由公安机关对责任人员处以十五日以下拘留、罚款或者警告；构成犯罪的，对责任人员依法追究刑事责任：

（一）以暴力、威胁或者非法限制人身自由的手段强迫劳动的；

（二）侮辱、体罚、殴打、非法搜查和拘禁劳动者的。

名词解释

威胁，是指用人单位以某种对劳动者形成要挟的条件和手段，迫使劳动者接受用人单位所提要求和条件的行为。

侮辱，是指用人单位公然贬低劳动者人格，损害劳动者名誉的行为。

非法搜查，是指用人单位非法对劳动者的身体进行搜查的行为。

实用问答

1. 用人单位侵害劳动者人身权利，需要承担何种法律责任？

答：对劳动者人身权利的侵害，相关法律规定了两种法律责任：（1）行政责任。根据《治安管理处罚法》第40条的规定，以暴力、威胁或者其他手段强迫他人劳动的，非法限制他人人身自由或者非法搜查他人身体的，处 10 日以上 15 日以下拘留，并处 500 元以上 1000 元以下罚款；情节较轻的，处 5 日以上 10 日以下拘留，并处 200 元以上 500 元以下罚款。同时《治安管理处罚法》第 43 条第 1 款规定，殴打他人的，或者故意伤害他人身体的，处 5 日以上 10 日以下拘留，并处 200 元以上 500 元以下罚款；情节较轻的，处 5 日以下拘留或者 500 元以下罚款。（2）刑事责任。根据《刑法》第 244 条的规定，以暴力、威胁或者限制人身自由的方法强迫他人劳动的，处 3 年以下有期徒刑或者拘役，并处罚金；情节严重的，处 3 年以上 10 年以下有期徒刑，并处罚金。明知他人实施前述行为，为其招募、运送人员或者有其他协助强迫他人劳动行为的，依照前述的规定处罚。单位犯强迫劳动罪的，对单位判处罚金，并对其直接负责的主管人员和其他直接责任人员，依照前述的规定处罚。另外，《刑法》还规定了非法拘禁罪和故意伤害罪等的法律责任。

2. 用人单位以暴力、威胁或者非法限制人身自由的手段强迫劳动，迫使劳动者提出解除劳动合同的，是否需要向劳动者赔偿？

答：根据《最高人民法院关于审理劳动争议案件适用法律问题的解释（一）》第 45 条第 1 项的规定，用人单位以暴力、威胁或者非法限制人身自由的手段强迫劳动，迫使劳动者提出解除劳动合同的，用人单位应当支付劳动者的劳动报酬和经济补偿，并可支付赔偿金。

◆ 第九十七条　劳动合同无效的赔偿责任

由于用人单位的原因订立的无效合同，对劳动者造成损害的，应当承担赔偿责任。

实用问答

1. 用人单位对劳动者造成损害，应当赔偿劳动者损失的情形有哪些？

答：根据劳动部发布的《违反〈劳动法〉有关劳动合同规定的赔偿办法》第2条的规定，用人单位有下列情形之一，对劳动者造成损害的，应赔偿劳动者损失：（1）用人单位故意拖延不订立劳动合同，即招用后故意不按规定订立劳动合同以及劳动合同到期后故意不及时续订劳动合同的；（2）由于用人单位的原因订立无效劳动合同，或订立部分无效劳动合同的；（3）用人单位违反规定或劳动合同的约定侵害女职工或未成年工合法权益的；（4）用人单位违反规定或劳动合同的约定解除劳动合同的。

2. 用人单位对劳动者造成损害，赔偿劳动者的损失，按什么规定执行？

答：根据劳动部发布的《违反〈劳动法〉有关劳动合同规定的赔偿办法》第3条的规定，用人单位对劳动者造成损害，赔偿劳动者的损失，应按下列规定执行：（1）造成劳动者工资收入损失的，按劳动者本人应得工资收入支付给劳动者，并加付应得工资收入25%的赔偿费用；（2）造成劳动者劳动保护待遇损失的，应按国家规定补足劳动者的劳动保护津贴和用品；（3）造成劳动者工伤、医疗待遇损失的，除按国家规定为劳动者提供工伤、医疗待遇外，还应支付劳动者相当于医疗费用25%的赔偿费用；（4）造成女职工和未成年工身体健康损害的，除按国家规定提供治疗期间的医疗待遇外，还应支付相当于其医疗费用25%的赔偿费用；（5）劳动合同约定的其他赔偿费用。

◆ 第九十八条　违法解除和拖延订立合同的处罚

用人单位违反本法规定的条件解除劳动合同或者故意拖延不订立劳动合同的，由劳动行政部门责令改正；对劳动者造成损害的，应当承担赔偿责任。

实用问答

用人单位违法解除劳动合同或者故意拖延不订立劳动合同的，需要承担何种责任？

答：用人单位违法解除劳动合同或故意拖延不订立劳动合同的，有两种承担法律责任的形式：（1）行政责任，责任形式是责令改正。即由劳动行政部门责成用人单位恢复与劳动者的劳动合同，或责令用人单位补签与劳动者应当订立的劳动合同。对劳动行政部门作出的决定，用人单位应当执行。（2）民事责任，责任形式是赔偿。赔偿范围包括：①造成劳动者工资收入损失的，除应支付应得工资给劳动者外，还要加付应得工资25%的赔偿费用；②造成劳动者劳动保护待遇损失的，应按国家规定补足劳动保护津贴和用品；③造成劳动者工伤、医疗待遇损失的，除按国家规定为劳动者提供工伤、医疗待遇外，还应支付相当于医疗费用25%的赔偿费用；④造成女职工和未成年工身体健康损害的，除按国家规定提供治疗期间的医疗待遇外，还应支付相当于其医疗费用25%的赔偿费用；⑤劳动合同约定的其他赔偿费用。上述赔偿请求，可以通过申请劳动争议仲裁提出，也可以通过向人民法院提起诉讼提出。

◆ 第九十九条　招用未解除劳动合同劳动者的赔偿责任

用人单位招用尚未解除劳动合同的劳动者，对原用人单位造成经济损失的，该用人单位应当依法承担连带赔偿责任。

实用问答

1. 招用未解除劳动合同的劳动者，给原用人单位造成经济损失的，需要承担什么责任？

答：《劳动合同法》第91条规定，用人单位招用与其他用人单位尚未解除或者终止劳动合同的劳动者，给其他用人单位造成损失的，应当承担连带赔偿责任。这里需符合以下几个要件：（1）用人单位有招用与其他用人单位尚未解除或终止劳动合同的劳动者的行为；（2）用人单位的该行为给其他用人单位造成了损失；（3）该行为与其他用人单位的损失之间存在因果关系。

2. 用人单位招用尚未解除劳动合同的劳动者，如何确定第三人和共同被告？

答：根据《最高人民法院关于审理劳动争议案件适用法律问题的解释（一）》第27条的规定，用人单位招用尚未解除劳动合同的劳动者，原用人单位与劳动者发生的劳动争议，可以列新的用人单位为第三人。原用人单位以新的用人单位侵权为由提起诉讼的，可以列劳动者为第三人。原用人单位以新的用人单位和劳动者共同侵权为由提起诉讼的，新的用人单位和劳动者列为共同被告。

3. 用人单位招用尚未解除劳动合同的劳动者，对原用人单位造成经济损失的，如何确定赔偿义务？

答：根据劳动部发布的《违反〈劳动法〉有关劳动合同规定的

赔偿办法》第6条的规定，用人单位招用尚未解除劳动合同的劳动者，对原用人单位造成经济损失的，除该劳动者承担直接赔偿责任外，该用人单位应当承担连带赔偿责任。其连带赔偿的份额应不低于对原用人单位造成经济损失总额的70%。向原用人单位赔偿下列损失：（1）对生产、经营和工作造成的直接经济损失；（2）因获取商业秘密给原用人单位造成的经济损失。赔偿上述第（2）项规定的损失，按《反不正当竞争法》第20条的规定执行。

◆ 第一百条　不缴纳保险费的处罚

用人单位无故不缴纳社会保险费的，由劳动行政部门责令其限期缴纳；逾期不缴的，可以加收滞纳金。

实用问答

1. 用人单位未向社会保险经办机构申请办理社会保险登记的，由哪个机构核定其应当缴纳的社会保险费？

答：根据《社会保险法》第58条第1款的规定，用人单位应当自用工之日起30日内为其职工向社会保险经办机构申请办理社会保险登记。未办理社会保险登记的，由社会保险经办机构核定其应当缴纳的社会保险费。

2. 用人单位与劳动者约定或者劳动者向用人单位承诺无需缴纳社会保险费的，是否有效？

答：根据《最高人民法院关于审理劳动争议案件适用法律问题的解释（二）》第19条第1款的规定，用人单位与劳动者约定或者劳动者向用人单位承诺无需缴纳社会保险费的，人民法院应当认定该约定或者承诺无效。

3. 用人单位未依法缴纳社会保险费，劳动者请求解除劳动合同、由用人单位支付经济补偿的，人民法院处何处理？

答：根据《最高人民法院关于审理劳动争议案件适用法律问题的解释（二）》第19条的规定，用人单位未依法缴纳社会保险费，劳动者根据《劳动合同法》第38条第1款第3项规定请求解除劳动合同、由用人单位支付经济补偿的，人民法院依法予以支持。有前述规定情形，用人单位依法补缴社会保险费后，请求劳动者返还已支付的社会保险费补偿的，人民法院依法予以支持。

典型案例

有关不缴纳社会保险费的约定无效，劳动者以此为由解除劳动合同时有权请求用人单位支付经济补偿——朱某与某保安公司劳动争议案[①]

典型意义

依法参加社会保险是用人单位和劳动者的法定义务。人民法院在本案中明确了用人单位与劳动者有关不缴纳社会保险费的约定因违法而无效的规则。若用人单位与劳动者订立此类协议、以补助等形式发放社会保险费，劳动者可以用人单位未依法缴纳社会保险费为由提出解除劳动合同，用人单位要承担支付经济补偿的责任。此规则有助于督促用人单位通过依法缴纳社会保险费的方式分散用工风险，引导劳动者关注长远利益，充分发挥社会保险制度保障和改善民生的作用。

---

① 参见最高人民法院官网2025年8月1日，https：//www. court. gov. cn/zixun/xiangqing/472681. html。

◆ 第一百零一条 妨碍劳动监察执法的处罚

用人单位无理阻挠劳动行政部门、有关部门及其工作人员行使监督检查权，打击报复举报人员的，由劳动行政部门或者有关部门处以罚款；构成犯罪的，对责任人员依法追究刑事责任。

实用问答

哪些行为应认定为《劳动法》第101条中的“无理阻挠”行为？

答：根据劳动部印发的《关于贯彻执行〈中华人民共和国劳动法〉若干问题的意见》第92条的规定，用人单位实施下列行为之一的，应认定为《劳动法》第101条中的“无理阻挠”行为：（1）阻止劳动监督检查人员进入用人单位内（包括进入劳动现场）进行监督检查的；（2）隐瞒事实真相，出具伪证，或者隐匿、毁灭证据的；（3）拒绝提供有关资料的；（4）拒绝在规定的时间和地点就劳动行政部门所提问题作出解释和说明的；（5）法律、法规和规章规定的其他情况。

◆ 第一百零二条 劳动者违法解除合同和违反保密事项的处罚

劳动者违反本法规定的条件解除劳动合同或者违反劳动合同中约定的保密事项，对用人单位造成经济损失的，应当依法承担赔偿责任。

实用问答

1. 劳动者违反《劳动法》规定的条件解除劳动合同指的是哪些情形？

答：劳动者违反《劳动法》规定的条件解除劳动合同，主要是指用人单位不存在过错情形时，劳动者没有提前30日（试用期内没有提前3日）以书面形式通知用人单位即解除劳动合同。

2. 劳动者违法解除劳动合同，给用人单位造成损失的，相关损失如何确定？

答：劳动者违法解除劳动合同，给用人单位造成损失的，应当赔偿用人单位的下列损失：（1）用人单位招录其所支付的费用；（2）用人单位为其支付的专项培训费用（双方另有约定的从其约定）；（3）对生产、经营和工作造成的直接经济损失；（4）劳动合同约定的其他赔偿项目。

◆ 第一百零三条　工作人员渎职的法律责任

劳动行政部门或者有关部门的工作人员滥用职权、玩忽职守、徇私舞弊，构成犯罪的，依法追究刑事责任；不构成犯罪的，给予行政处分。

名词解释

滥用职权，是指劳动行政部门或者有关部门的工作人员利用其国家工作人员的身份，随意超越其应担负的职责和法律法规授予的职权，从事损害国家利益和法律权威的违法行为。

玩忽职守，是指劳动行政部门或者有关部门的工作人员因工作漫不经心、疏忽大意，不履行职责，不遵守法律法规的规定，导致用人单位财产和国家利益遭受损失的行为。

徇私舞弊，是指劳动行政部门或者有关部门的工作人员为了私情私利，故意违反法律法规的规定，利用职权枉法处理的行为。

实用问答

劳动行政部门或者有关部门的工作人员存在滥用职权、玩忽职守、徇私舞弊行为，可能承担何种责任？

答：劳动行政部门或者有关部门的工作人员存在滥用职权、玩忽职守、徇私舞弊行为，可能承担的责任包括行政责任和刑事责任。行政责任一般表现为受到行政处分，如警告、记过、记大过、降级、撤职、留用察看、开除。根据《刑法》第397条的规定，刑事责任包括：（1）国家机关工作人员滥用职权或者玩忽职守，致使公共财产、国家和人民利益遭受重大损失的，处3年以下有期徒刑或者拘役；情节特别严重的，处3年以上7年以下有期徒刑。（2）国家机关工作人员徇私舞弊，犯滥用职权罪或玩忽职守罪的，处5年以下有期徒刑或者拘役；情节特别严重的，处5年以上10年以下有期徒刑。《刑法》另有规定的，依照规定。

◆ 第一百零四条　挪用社保基金的处罚

国家工作人员和社会保险基金经办机构的工作人员挪用社会保险基金，构成犯罪的，依法追究刑事责任。

实用问答

1. 如何判断国家工作人员和社会保险基金经办机构的工作人员挪用社保基金的行为是否构成犯罪，并是否应承担刑事责任？

答：在判断国家工作人员和社会保险基金经办机构的工作人员挪用社保基金的行为是否构成犯罪，并是否应承担刑事责任时，须符合以下条件：（1）犯罪主体只能是国家工作人员（专指与挪用社会保险基金有直接关系的政府部门的工作人员）和社会保险基金经办机构的工作人员。（2）挪用社会保险基金的行为已经达到构成犯罪的数额。轻微挪用社会保险基金，不构成犯罪时，应当依照行政法规和部门规章的规定进行处理。（3）犯罪人主观上必须是故意的。

2. 国家工作人员和社会保险基金经办机构的工作人员挪用社会保险基金，如何追究刑事责任？

答：目前，《刑法》没有对国家工作人员和社会保险基金经办机构的工作人员挪用社会保险基金的行为进行专门刑罚的规定，实践中可以参考《刑法》第384条挪用公款罪的规定进行处理，即国家工作人员利用职务上的便利，挪用公款归个人使用，进行非法活动的，或者挪用公款数额较大、进行营利活动的，或者挪用公款数额较大、超过3个月未还的，处5年以下有期徒刑或者拘役；情节严重的，处5年以上有期徒刑。挪用公款数额巨大不退还的，处10年以上有期徒刑或者无期徒刑。

◆ 第一百零五条　处罚竞合处理

违反本法规定侵害劳动者合法权益，其他法律、行政法规已规定处罚的，依照该法律、行政法规的规定处罚。

第十三章　附　　则

◆ 第一百零六条　劳动合同制度实施步骤的制定

省、自治区、直辖市人民政府根据本法和本地区的实际情况，规定劳动合同制度的实施步骤，报国务院备案。

◆ 第一百零七条　施行日期

本法自1995年1月1日起施行。

附录一 法律法规

最高人民法院关于审理劳动争议案件适用法律问题的解释（一）

（2020 年 12 月 25 日最高人民法院审判委员会第 1825 次会议通过
2020 年 12 月 29 日公布 法释〔2020〕26 号
自 2021 年 1 月 1 日起施行）

为正确审理劳动争议案件，根据《中华人民共和国民法典》《中华人民共和国劳动法》《中华人民共和国劳动合同法》《中华人民共和国劳动争议调解仲裁法》《中华人民共和国民事诉讼法》等相关法律规定，结合审判实践，制定本解释。

第一条 劳动者与用人单位之间发生的下列纠纷，属于劳动争议，当事人不服劳动争议仲裁机构作出的裁决，依法提起诉讼的，人民法院应予受理：

（一）劳动者与用人单位在履行劳动合同过程中发生的纠纷；

（二）劳动者与用人单位之间没有订立书面劳动合同，但已形成劳动关系后发生的纠纷；

（三）劳动者与用人单位因劳动关系是否已经解除或者终止，以及应否支付解除或者终止劳动关系经济补偿金发生的纠纷；

（四）劳动者与用人单位解除或者终止劳动关系后，请求用人单位返还其收取的劳动合同定金、保证金、抵押金、抵押物发生的纠纷，或者办理劳动者的人事档案、社会保险关系等移转手续发生的纠纷；

（五）劳动者以用人单位未为其办理社会保险手续，且社会保险经办机构不能补办导致其无法享受社会保险待遇为由，要求用人单位赔偿损失发生的纠纷；

（六）劳动者退休后，与尚未参加社会保险统筹的原用人单位因追索养老金、医疗费、工伤保险待遇和其他社会保险待遇而发生的纠纷；

（七）劳动者因为工伤、职业病，请求用人单位依法给予工伤保险待遇发生的纠纷；

（八）劳动者依据劳动合同法第八十五条规定，要求用人单位支付加付赔偿金发生的纠纷；

（九）因企业自主进行改制发生的纠纷。

第二条　下列纠纷不属于劳动争议：

（一）劳动者请求社会保险经办机构发放社会保险金的纠纷；

（二）劳动者与用人单位因住房制度改革产生的公有住房转让纠纷；

（三）劳动者对劳动能力鉴定委员会的伤残等级鉴定结论或者对职业病诊断鉴定委员会的职业病诊断鉴定结论的异议纠纷；

（四）家庭或者个人与家政服务人员之间的纠纷；

（五）个体工匠与帮工、学徒之间的纠纷；

（六）农村承包经营户与受雇人之间的纠纷。

第三条　劳动争议案件由用人单位所在地或者劳动合同履行地的基层人民法院管辖。

劳动合同履行地不明确的，由用人单位所在地的基层人民法院管辖。

法律另有规定的，依照其规定。

第四条　劳动者与用人单位均不服劳动争议仲裁机构的同一裁决，向同一人民法院起诉的，人民法院应当并案审理，双方当事人互为原告和被告，对双方的诉讼请求，人民法院应当一并作出裁决。在诉讼过程中，一方当事人撤诉的，人民法院应当根据另一方当事人的诉讼请求继续审理。双方当事人就同一仲裁裁决分别向有管辖权的人民法院起诉的，后受理的人民法院应当将案件移送给先受理的人民法院。

第五条　劳动争议仲裁机构以无管辖权为由对劳动争议案件不予受理，当事人提起诉讼的，人民法院按照以下情形分别处理：

（一）经审查认为该劳动争议仲裁机构对案件确无管辖权的，应当告知当事人向有管辖权的劳动争议仲裁机构申请仲裁；

（二）经审查认为该劳动争议仲裁机构有管辖权的，应当告知当事人申请仲裁，并将审查意见书面通知该劳动争议仲裁机构；劳动争议仲裁机构仍不受理，当事人就该劳动争议事项提起诉讼的，人民法院应予受理。

第六条　劳动争议仲裁机构以当事人申请仲裁的事项不属于劳动争议为由，作出不予受理的书面裁决、决定或者通知，当事人不服依法提起诉讼的，人民法院应当分别情况予以处理：

（一）属于劳动争议案件的，应当受理；

（二）虽不属于劳动争议案件，但属于人民法院主管的其他案件，应当依法受理。

第七条　劳动争议仲裁机构以申请仲裁的主体不适格为由，作出不予受理的书面裁决、决定或者通知，当事人不服依法提起诉讼，经审查确属主体不适格的，人民法院不予受理；已经受理的，裁定驳回起诉。

第八条 劳动争议仲裁机构为纠正原仲裁裁决错误重新作出裁决，当事人不服依法提起诉讼的，人民法院应当受理。

第九条 劳动争议仲裁机构仲裁的事项不属于人民法院受理的案件范围，当事人不服依法提起诉讼的，人民法院不予受理；已经受理的，裁定驳回起诉。

第十条 当事人不服劳动争议仲裁机构作出的预先支付劳动者劳动报酬、工伤医疗费、经济补偿或者赔偿金的裁决，依法提起诉讼的，人民法院不予受理。

用人单位不履行上述裁决中的给付义务，劳动者依法申请强制执行的，人民法院应予受理。

第十一条 劳动争议仲裁机构作出的调解书已经发生法律效力，一方当事人反悔提起诉讼的，人民法院不予受理；已经受理的，裁定驳回起诉。

第十二条 劳动争议仲裁机构逾期未作出受理决定或仲裁裁决，当事人直接提起诉讼的，人民法院应予受理，但申请仲裁的案件存在下列事由的除外：

（一）移送管辖的；

（二）正在送达或者送达延误的；

（三）等待另案诉讼结果、评残结论的；

（四）正在等待劳动争议仲裁机构开庭的；

（五）启动鉴定程序或者委托其他部门调查取证的；

（六）其他正当事由。

当事人以劳动争议仲裁机构逾期未作出仲裁裁决为由提起诉讼的，应当提交该仲裁机构出具的受理通知书或者其他已接受仲裁申请的凭证、证明。

第十三条 劳动者依据劳动合同法第三十条第二款和调解仲裁法第十六条规定向人民法院申请支付令，符合民事诉讼法第十七章督促程序规定的，人民法院应予受理。

依据劳动合同法第三十条第二款规定申请支付令被人民法院裁定终结督促程序后，劳动者就劳动争议事项直接提起诉讼的，人民法院应当告知其先向劳动争议仲裁机构申请仲裁。

依据调解仲裁法第十六条规定申请支付令被人民法院裁定终结督促程序后，劳动者依据调解协议直接提起诉讼的，人民法院应予受理。

第十四条 人民法院受理劳动争议案件后，当事人增加诉讼请求的，如该诉讼请求与讼争的劳动争议具有不可分性，应当合并审理；如属独立的劳动争议，应当告知当事人向劳动争议仲裁机构申请仲裁。

第十五条 劳动者以用人单位的工资欠条为证据直接提起诉讼，诉讼请求不涉及劳动关系其他争议的，视为拖欠劳动报酬争议，人民法院按照普通民事纠纷受理。

第十六条 劳动争议仲裁机构作出仲裁裁决后，当事人对裁决中的部分事项不服，依法提起诉讼的，劳动争议仲裁裁决不发生法律效力。

第十七条 劳动争议仲裁机构对多个劳动者的劳动争议作出仲裁裁决后，部分劳动者对仲裁裁决不服，依法提起诉讼的，仲裁裁决对提起诉讼的劳动者不发生法律效力；对未提起诉讼的部分劳动者，发生法律效力，如其申请执行的，人民法院应当受理。

第十八条 仲裁裁决的类型以仲裁裁决书确定为准。仲裁裁决书未载明该裁决为终局裁决或者非终局裁决，用人单位不服该仲裁裁决向基层人民法院提起诉讼的，应当按照以下情形分别处理：

（一）经审查认为该仲裁裁决为非终局裁决的，基层人民法院应予受理；

（二）经审查认为该仲裁裁决为终局裁决的，基层人民法院不予受理，但应告知用人单位可以自收到不予受理裁定书之日起三十日内向劳动争议仲裁机构所在地的中级人民法院申请撤销该仲裁裁决；已经受理的，裁定驳回起诉。

第十九条 仲裁裁决书未载明该裁决为终局裁决或者非终局裁决，劳动者依据调解仲裁法第四十七条第一项规定，追索劳动报酬、工伤医疗费、经济补偿或者赔偿金，如果仲裁裁决涉及数项，每项确定的数额均不超过当地月最低工资标准十二个月金额的，应当按照终局裁决处理。

第二十条 劳动争议仲裁机构作出的同一仲裁裁决同时包含终局裁决事项和非终局裁决事项，当事人不服该仲裁裁决向人民法院提起诉讼的，应当按照非终局裁决处理。

第二十一条 劳动者依据调解仲裁法第四十八条规定向基层人民法院提起诉讼，用人单位依据调解仲裁法第四十九条规定向劳动争议仲裁机构所在地的中级人民法院申请撤销仲裁裁决的，中级人民法院应当不予受理；已经受理的，应当裁定驳回申请。

被人民法院驳回起诉或者劳动者撤诉的，用人单位可以自收到裁定书之日起三十日内，向劳动争议仲裁机构所在地的中级人民法院申请撤销仲裁裁决。

第二十二条 用人单位依据调解仲裁法第四十九条规定向中级人民法院申请撤销仲裁裁决，中级人民法院作出的驳回申请或者撤销仲裁裁决的裁定为终审裁定。

第二十三条 中级人民法院审理用人单位申请撤销终局裁决的案件，应当组成合议庭开庭审理。经过阅卷、调查和询问当事人，对没有新的事实、证据或者理由，合议庭认为不需要开庭审理的，可以不开庭审理。

中级人民法院可以组织双方当事人调解。达成调解协议的，可以制作调解书。

一方当事人逾期不履行调解协议的，另一方可以申请人民法院强制执行。

第二十四条 当事人申请人民法院执行劳动争议仲裁机构作出的发生法律效力的裁决书、调解书，被申请人提出证据证明劳动争议仲裁裁决书、调解书有下列情形之一，并经审查核实的，人民法院可以根据民事诉讼法第二百三十七条规定，裁定不予执行：

（一）裁决的事项不属于劳动争议仲裁范围，或者劳动争议仲裁机构无权仲裁的；

（二）适用法律、法规确有错误的；

（三）违反法定程序的；

（四）裁决所根据的证据是伪造的；

（五）对方当事人隐瞒了足以影响公正裁决的证据的；

（六）仲裁员在仲裁该案时有索贿受贿、徇私舞弊、枉法裁决行为的；

（七）人民法院认定执行该劳动争议仲裁裁决违背社会公共利益的。

人民法院在不予执行的裁定书中，应当告知当事人在收到裁定书之次日起三十日内，可以就该劳动争议事项向人民法院提起诉讼。

第二十五条 劳动争议仲裁机构作出终局裁决，劳动者向人民法院申请执行，用人单位向劳动争议仲裁机构所在地的中级人民法院申请撤销的，人民法院应当裁定中止执行。

用人单位撤回撤销终局裁决申请或者其申请被驳回的，人民法院应当裁定恢复执行。仲裁裁决被撤销的，人民法院应当裁定终结执行。

用人单位向人民法院申请撤销仲裁裁决被驳回后，又在执行程序中以相同理由提出不予执行抗辩的，人民法院不予支持。

第二十六条 用人单位与其它单位合并的，合并前发生的劳动争议，由合并后的单位为当事人；用人单位分立为若干单位的，其分立前发生的劳动争议，由分立后的实际用人单位为当事人。

用人单位分立为若干单位后，具体承受劳动权利义务的单位不明确的，分立后的单位均为当事人。

第二十七条 用人单位招用尚未解除劳动合同的劳动者，原用人单位与劳动者发生的劳动争议，可以列新的用人单位为第三人。

原用人单位以新的用人单位侵权为由提起诉讼的，可以列劳动者为第三人。

原用人单位以新的用人单位和劳动者共同侵权为由提起诉讼的，新的用人单位和劳动者列为共同被告。

第二十八条 劳动者在用人单位与其他平等主体之间的承包经营期间，与发包方和承包方双方或者一方发生劳动争议，依法提起诉讼的，应当将承包方和发包方作为当事人。

第二十九条　劳动者与未办理营业执照、营业执照被吊销或者营业期限届满仍继续经营的用人单位发生争议的，应当将用人单位或者其出资人列为当事人。

第三十条　未办理营业执照、营业执照被吊销或者营业期限届满仍继续经营的用人单位，以挂靠等方式借用他人营业执照经营的，应当将用人单位和营业执照出借方列为当事人。

第三十一条　当事人不服劳动争议仲裁机构作出的仲裁裁决，依法提起诉讼，人民法院审查认为仲裁裁决遗漏了必须共同参加仲裁的当事人的，应当依法追加遗漏的人为诉讼当事人。

被追加的当事人应当承担责任的，人民法院应当一并处理。

第三十二条　用人单位与其招用的已经依法享受养老保险待遇或者领取退休金的人员发生用工争议而提起诉讼的，人民法院应当按劳务关系处理。①

企业停薪留职人员、未达到法定退休年龄的内退人员、下岗待岗人员以及企业经营性停产放长假人员，因与新的用人单位发生用工争议而提起诉讼的，人民法院应当按劳动关系处理。

第三十三条　外国人、无国籍人未依法取得就业证件即与中华人民共和国境内的用人单位签订劳动合同，当事人请求确认与用人单位存在劳动关系的，人民法院不予支持。

持有《外国专家证》并取得《外国人来华工作许可证》的外国人，与中华人民共和国境内的用人单位建立用工关系的，可以认定为劳动关系。

第三十四条　劳动合同期满后，劳动者仍在原用人单位工作，原用人单位未表示异议的，视为双方同意以原条件继续履行劳动合同。一方提出终止劳动关系的，人民法院应予支持。

根据劳动合同法第十四条规定，用人单位应当与劳动者签订无固定期限劳动合同而未签订的，人民法院可以视为双方之间存在无固定期限劳动合同关系，并以原劳动合同确定双方的权利义务关系。

第三十五条　劳动者与用人单位就解除或者终止劳动合同办理相关手续、支付工资报酬、加班费、经济补偿或者赔偿金等达成的协议，不违反法律、行政法规的强制性规定，且不存在欺诈、胁迫或者乘人之危情形的，应当认定有效。

前款协议存在重大误解或者显失公平情形，当事人请求撤销的，人民法院应予支持。

---

① 根据2025年7月31日公布的《最高人民法院关于审理劳动争议案件适用法律问题的解释（二）》，本款内容废止。

第三十六条 当事人在劳动合同或者保密协议中约定了竞业限制，但未约定解除或者终止劳动合同后给予劳动者经济补偿，劳动者履行了竞业限制义务，要求用人单位按照劳动者在劳动合同解除或者终止前十二个月平均工资的30%按月支付经济补偿的，人民法院应予支持。

前款规定的月平均工资的30%低于劳动合同履行地最低工资标准的，按照劳动合同履行地最低工资标准支付。

第三十七条 当事人在劳动合同或者保密协议中约定了竞业限制和经济补偿，当事人解除劳动合同时，除另有约定外，用人单位要求劳动者履行竞业限制义务，或者劳动者履行了竞业限制义务后要求用人单位支付经济补偿的，人民法院应予支持。

第三十八条 当事人在劳动合同或者保密协议中约定了竞业限制和经济补偿，劳动合同解除或者终止后，因用人单位的原因导致三个月未支付经济补偿，劳动者请求解除竞业限制约定的，人民法院应予支持。

第三十九条 在竞业限制期限内，用人单位请求解除竞业限制协议的，人民法院应予支持。

在解除竞业限制协议时，劳动者请求用人单位额外支付劳动者三个月的竞业限制经济补偿的，人民法院应予支持。

第四十条 劳动者违反竞业限制约定，向用人单位支付违约金后，用人单位要求劳动者按照约定继续履行竞业限制义务的，人民法院应予支持。

第四十一条 劳动合同被确认为无效，劳动者已付出劳动的，用人单位应当按照劳动合同法第二十八条、第四十六条、第四十七条的规定向劳动者支付劳动报酬和经济补偿。

由于用人单位原因订立无效劳动合同，给劳动者造成损害的，用人单位应当赔偿劳动者因合同无效所造成的经济损失。

第四十二条 劳动者主张加班费的，应当就加班事实的存在承担举证责任。但劳动者有证据证明用人单位掌握加班事实存在的证据，用人单位不提供的，由用人单位承担不利后果。

第四十三条 用人单位与劳动者协商一致变更劳动合同，虽未采用书面形式，但已经实际履行了口头变更的劳动合同超过一个月，变更后的劳动合同内容不违反法律、行政法规且不违背公序良俗，当事人以未采用书面形式为由主张劳动合同变更无效的，人民法院不予支持。

第四十四条 因用人单位作出的开除、除名、辞退、解除劳动合同、减少劳动报酬、计算劳动者工作年限等决定而发生的劳动争议，用人单位负举证责任。

第四十五条 用人单位有下列情形之一，迫使劳动者提出解除劳动合同的，用人单位应当支付劳动者的劳动报酬和经济补偿，并可支付赔偿金：

（一）以暴力、威胁或者非法限制人身自由的手段强迫劳动的；

（二）未按照劳动合同约定支付劳动报酬或者提供劳动条件的；

（三）克扣或者无故拖欠劳动者工资的；

（四）拒不支付劳动者延长工作时间工资报酬的；

（五）低于当地最低工资标准支付劳动者工资的。

第四十六条 劳动者非因本人原因从原用人单位被安排到新用人单位工作，原用人单位未支付经济补偿，劳动者依据劳动合同法第三十八条规定与新用人单位解除劳动合同，或者新用人单位向劳动者提出解除、终止劳动合同，在计算支付经济补偿或赔偿金的工作年限时，劳动者请求把在原用人单位的工作年限合并计算为新用人单位工作年限的，人民法院应予支持。

用人单位符合下列情形之一的，应当认定属于“劳动者非因本人原因从原用人单位被安排到新用人单位工作”：

（一）劳动者仍在原工作场所、工作岗位工作，劳动合同主体由原用人单位变更为新用人单位；

（二）用人单位以组织委派或任命形式对劳动者进行工作调动；

（三）因用人单位合并、分立等原因导致劳动者工作调动；

（四）用人单位及其关联企业与劳动者轮流订立劳动合同；

（五）其他合理情形。

第四十七条 建立了工会组织的用人单位解除劳动合同符合劳动合同法第三十九条、第四十条规定，但未按照劳动合同法第四十三条规定事先通知工会，劳动者以用人单位违法解除劳动合同为由请求用人单位支付赔偿金的，人民法院应予支持，但起诉前用人单位已经补正有关程序的除外。

第四十八条 劳动合同法施行后，因用人单位经营期限届满不再继续经营导致劳动合同不能继续履行，劳动者请求用人单位支付经济补偿的，人民法院应予支持。

第四十九条 在诉讼过程中，劳动者向人民法院申请采取财产保全措施，人民法院经审查认为申请人经济确有困难，或者有证据证明用人单位存在欠薪逃匿可能的，应当减轻或者免除劳动者提供担保的义务，及时采取保全措施。

人民法院作出的财产保全裁定中，应当告知当事人在劳动争议仲裁机构的裁决书或者在人民法院的裁判文书生效后三个月内申请强制执行。逾期不申请的，人民法院应当裁定解除保全措施。

第五十条 用人单位根据劳动合同法第四条规定，通过民主程序制定的规章制度，不违反国家法律、行政法规及政策规定，并已向劳动者公示的，可以作为确定双方权利义务的依据。

用人单位制定的内部规章制度与集体合同或者劳动合同约定的内容不一致，劳动者请求优先适用合同约定的，人民法院应予支持。

第五十一条 当事人在调解仲裁法第十条规定的调解组织主持下达成的具有劳动权利义务内容的调解协议，具有劳动合同的约束力，可以作为人民法院裁判的根据。

当事人在调解仲裁法第十条规定的调解组织主持下仅就劳动报酬争议达成调解协议，用人单位不履行调解协议确定的给付义务，劳动者直接提起诉讼的，人民法院可以按照普通民事纠纷受理。

第五十二条 当事人在人民调解委员会主持下仅就给付义务达成的调解协议，双方认为有必要的，可以共同向人民调解委员会所在地的基层人民法院申请司法确认。

第五十三条 用人单位对劳动者作出的开除、除名、辞退等处理，或者因其他原因解除劳动合同确有错误的，人民法院可以依法判决予以撤销。

对于追索劳动报酬、养老金、医疗费以及工伤保险待遇、经济补偿金、培训费及其他相关费用等案件，给付数额不当的，人民法院可以予以变更。

第五十四条 本解释自2021年1月1日起施行。

最高人民法院关于审理劳动争议案件适用法律问题的解释（二）

（2025年2月17日最高人民法院审判委员会第1942次会议通过
2025年7月31日公布 法释〔2025〕12号
自2025年9月1日起施行）

为正确审理劳动争议案件，根据《中华人民共和国民法典》《中华人民共和国劳动法》《中华人民共和国劳动合同法》《中华人民共和国民事诉讼法》《中华人民共和国劳动争议调解仲裁法》等相关法律规定，结合审判实践，制定本解释。

第一条 具备合法经营资格的承包人将承包业务转包或者分包给不具备合法经营资格的组织或者个人，该组织或者个人招用的劳动者请求确认承包人为承担用工主体责任单位，承担支付劳动报酬、认定工伤后的工伤保险待遇等责任的，人民法院依法予以支持。

第二条 不具备合法经营资格的组织或者个人挂靠具备合法经营资格的单位对外经营，该组织或者个人招用的劳动者请求确认被挂靠单位为承担用工主体责任单位，承担支付劳动报酬、认定工伤后的工伤保险待遇等责任的，人民法院依法予以支持。

第三条 劳动者被多个存在关联关系的单位交替或者同时用工，其请求确认劳动关系的，人民法院按照下列情形分别处理：

（一）已订立书面劳动合同，劳动者请求按照劳动合同确认劳动关系的，人民法院依法予以支持；

（二）未订立书面劳动合同的，根据用工管理行为，综合考虑工作时间、工作内容、劳动报酬支付、社会保险费缴纳等因素确认劳动关系。

劳动者请求符合前款第二项规定情形的关联单位共同承担支付劳动报酬、福利待遇等责任的，人民法院依法予以支持，但关联单位之间依法对劳动者的劳动报酬、福利待遇等作出约定且经劳动者同意的除外。

第四条 外国人与中华人民共和国境内的用人单位建立用工关系，有下列情形之一，外国人请求确认与用人单位存在劳动关系的，人民法院依法予以支持：

（一）已取得永久居留资格的；

（二）已取得工作许可且在中国境内合法停留居留的；

（三）按照国家有关规定办理相关手续的。

第五条 依法设立的外国企业常驻代表机构可以作为劳动争议案件的当事人。当事人申请追加外国企业参加诉讼的，人民法院依法予以支持。

第六条 用人单位未依法与劳动者订立书面劳动合同，应当支付劳动者的二倍工资按月计算；不满一个月的，按该月实际工作日计算。

第七条 劳动者以用人单位未订立书面劳动合同为由，请求用人单位支付二倍工资的，人民法院依法予以支持，但用人单位举证证明存在下列情形之一的除外：

（一）因不可抗力导致未订立的；

（二）因劳动者本人故意或者重大过失未订立的；

（三）法律、行政法规规定的其他情形。

第八条 劳动合同期满，有下列情形之一的，人民法院认定劳动合同期限依法自动续延，不属于用人单位未订立书面劳动合同的情形：

（一）劳动合同法第四十二条规定的用人单位不得解除劳动合同的；

（二）劳动合同法实施条例第十七条规定的服务期尚未到期的；

（三）工会法第十九条规定的任期未届满的。

第九条 有证据证明存在劳动合同法第十四条第三款规定的“视为用人单位与劳动者已订立无固定期限劳动合同”情形，劳动者请求与用人单位订立书面劳动合同的，人民法院依法予以支持；劳动者以用人单位未及时补订书面劳动合同为由，请求用人单位支付视为已与劳动者订立无固定期限劳动合同期间二倍工资的，人民法院不予支持。

第十条 有下列情形之一的，人民法院应认定为符合劳动合同法第十四条第二款第三项“连续订立二次固定期限劳动合同”的规定：

（一）用人单位与劳动者协商延长劳动合同期限累计达到一年以上，延长期限届满的；

（二）用人单位与劳动者约定劳动合同期满后自动续延，续延期限届满的；

（三）劳动者非因本人原因仍在原工作场所、工作岗位工作，用人单位变换劳动合同订立主体，但继续对劳动者进行劳动管理，合同期限届满的；

（四）以其他违反诚信原则的规避行为再次订立劳动合同，期限届满的。

第十一条 劳动合同期满后，劳动者仍在用人单位工作，用人单位未表示异议超过一个月，劳动者请求用人单位以原条件续订劳动合同的，人民法院依法予以支持。

符合订立无固定期限劳动合同情形，劳动者请求用人单位以原条件订立无固定期限劳动合同的，人民法院依法予以支持。

用人单位解除劳动合同，劳动者请求用人单位依法承担解除劳动合同法律后果的，人民法院依法予以支持。

第十二条 除向劳动者支付正常劳动报酬外，用人单位与劳动者约定服务期限并提供特殊待遇，劳动者违反约定提前解除劳动合同且不符合劳动合同法第三十八条规定的单方解除劳动合同情形时，用人单位请求劳动者承担赔偿损失责任的，人民法院可以综合考虑实际损失、当事人的过错程度、已经履行的年限等因素确定劳动者应当承担的赔偿责任。

第十三条 劳动者未知悉、接触用人单位的商业秘密和与知识产权相关的保密事项，劳动者请求确认竞业限制条款不生效的，人民法院依法予以支持。

竞业限制条款约定的竞业限制范围、地域、期限等内容与劳动者知悉、接触的商业秘密和与知识产权相关的保密事项不相适应，劳动者请求确认竞业限制条款超过合理比例部分无效的，人民法院依法予以支持。

第十四条 用人单位与高级管理人员、高级技术人员和其他负有保密义务的人员约定在职期间竞业限制条款，劳动者以不得约定在职期间竞业限制、未支付经济补偿为由请求确认竞业限制条款无效的，人民法院不予支持。

第十五条 劳动者违反有效的竞业限制约定，用人单位请求劳动者按照约定返还已经支付的经济补偿并支付违约金的，人民法院依法予以支持。

第十六条 用人单位违法解除或者终止劳动合同后，有下列情形之一的，人民法院可以认定为劳动合同法第四十八条规定的“劳动合同已经不能继续履行”：

（一）劳动合同在仲裁或者诉讼过程中期满且不存在应当依法续订、续延劳动合同情形的；

（二）劳动者开始依法享受基本养老保险待遇的；

（三）用人单位被宣告破产的；

（四）用人单位解散的，但因合并或者分立需要解散的除外；

（五）劳动者已经与其他用人单位建立劳动关系，对完成用人单位的工作任务造成严重影响，或者经用人单位提出，不与其他用人单位解除劳动合同的；

（六）存在劳动合同客观不能履行的其他情形的。

第十七条 用人单位未按照国务院安全生产监督管理部门、卫生行政部门的规定组织从事接触职业病危害作业的劳动者进行离岗前的职业健康检查，劳动者在双方解除劳动合同后请求继续履行劳动合同的，人民法院依法予以支持，但有下列情形之一的除外：

（一）一审法庭辩论终结前，用人单位已经组织劳动者进行职业健康检查且经检查劳动者未患职业病的；

（二）一审法庭辩论终结前，用人单位组织劳动者进行职业健康检查，劳动者无正当理由拒绝检查的。

第十八条 用人单位违法解除、终止可以继续履行的劳动合同，劳动者请求用人单位支付违法解除、终止决定作出后至劳动合同继续履行前一日工资的，用人单位应当按照劳动者提供正常劳动时的工资标准向劳动者支付上述期间的工资。

用人单位、劳动者对于劳动合同解除、终止都有过错的，应当各自承担相应的责任。

第十九条 用人单位与劳动者约定或者劳动者向用人单位承诺无需缴纳社会保险费的，人民法院应当认定该约定或者承诺无效。用人单位未依法缴纳社会保险费，劳动者根据劳动合同法第三十八条第一款第三项规定请求解除劳动合同、由用人单位支付经济补偿的，人民法院依法予以支持。

有前款规定情形，用人单位依法补缴社会保险费后，请求劳动者返还已支付的社会保险费补偿的，人民法院依法予以支持。

第二十条 当事人在仲裁期间因自身原因未提出仲裁时效抗辩，在一审或者二审诉讼期间提出仲裁时效抗辩的，人民法院不予支持。当事人基于新的证据能够证明对方当事人请求权的仲裁时效期间届满的，人民法院应予支持。

当事人未按照前款规定提出仲裁时效抗辩，以仲裁时效期间届满为由申请再审或者提出再审抗辩的，人民法院不予支持。

第二十一条　本解释自2025年9月1日起施行。《最高人民法院关于审理劳动争议案件适用法律问题的解释（一）》（法释〔2020〕26号）第三十二条第一款同时废止。最高人民法院此前发布的司法解释与本解释不一致的，以本解释为准。

全国人民代表大会常务委员会关于实施渐进式延迟法定退休年龄的决定

（2024年9月13日第十四届全国人民代表大会常务委员会第十一次会议通过）

为了深入贯彻落实党中央关于渐进式延迟法定退休年龄的决策部署，适应我国人口发展新形势，充分开发利用人力资源，根据宪法，第十四届全国人民代表大会常务委员会第十一次会议决定：

一、同步启动延迟男、女职工的法定退休年龄，用十五年时间，逐步将男职工的法定退休年龄从原六十周岁延迟至六十三周岁，将女职工的法定退休年龄从原五十周岁、五十五周岁分别延迟至五十五周岁、五十八周岁。

二、实施渐进式延迟法定退休年龄坚持小步调整、弹性实施、分类推进、统筹兼顾的原则。

三、各级人民政府应当积极应对人口老龄化，鼓励和支持劳动者就业创业，切实保障劳动者权益，协调推进养老托育等相关工作。

四、批准《国务院关于渐进式延迟法定退休年龄的办法》。国务院根据实际需要，可以对落实本办法进行补充和细化。

五、本决定自2025年1月1日起施行。第五届全国人民代表大会常务委员会第二次会议批准的《国务院关于安置老弱病残干部的暂行办法》和《国务院关于工人退休、退职的暂行办法》中有关退休年龄的规定不再施行。

国务院关于渐进式延迟法定退休年龄的办法

坚持以习近平新时代中国特色社会主义思想为指导，深入贯彻党的二十大和二十届二中、三中全会精神，综合考虑我国人均预期寿命、健康水平、人口结构、国民受教育程度、劳动力供给等因素，按照小步调整、弹性实施、分类推进、统筹兼顾的原则，实施渐进式延迟法定退休年龄。为了做好这项工作，特制定本办法。

第一条　从2025年1月1日起，男职工和原法定退休年龄为五十五周岁的女职工，法定退休年龄每四个月延迟一个月，分别逐步延迟至六十三周岁和五十八周岁；原法定退休年龄为五十周岁的女职工，法定退休年龄每二个月延迟一个月，逐步延迟至五十五周岁。国家另有规定的，从其规定。

第二条　从2030年1月1日起，将职工按月领取基本养老金最低缴费年限由十五年逐步提高至二十年，每年提高六个月。职工达到法定退休年龄但不满最低缴费年限的，可以按照规定通过延长缴费或者一次性缴费的办法达到最低缴费年限，按月领取基本养老金。

第三条　职工达到最低缴费年限，可以自愿选择弹性提前退休，提前时间最长不超过三年，且退休年龄不得低于女职工五十周岁、五十五周岁及男职工六十周岁的原法定退休年龄。职工达到法定退休年龄，所在单位与职工协商一致的，可以弹性延迟退休，延迟时间最长不超过三年。国家另有规定的，从其规定。实施中不得违背职工意愿，违法强制或者变相强制职工选择退休年龄。

第四条　国家健全养老保险激励机制。鼓励职工长缴多得、多缴多得、晚退多得。基础养老金计发比例与个人累计缴费年限挂钩，基础养老金计发基数与个人实际缴费挂钩，个人账户养老金根据个人退休年龄、个人账户储存额等因素确定。

第五条　国家实施就业优先战略，促进高质量充分就业。完善就业公共服务体系，健全终身职业技能培训制度。支持青年人就业创业，强化大龄劳动者就业岗位开发，完善困难人员就业援助制度。加强对就业年龄歧视的防范和治理，激励用人单位吸纳更多大龄劳动者就业。

第六条　用人单位招用超过法定退休年龄的劳动者，应当保障劳动者获得劳动报酬、休息休假、劳动安全卫生、工伤保障等基本权益。

国家加强灵活就业和新就业形态劳动者权益保障。

国家完善带薪年休假制度。

第七条　对领取失业保险金且距法定退休年龄不足一年的人员，领取失业保险金年限延长至法定退休年龄，在实施渐进式延迟法定退休年龄期间，由失业保险基金按照规定为其缴纳养老保险费。

第八条　国家规范完善特殊工种等提前退休政策。从事井下、高空、高温、特别繁重体力劳动等国家规定的特殊工种，以及在高海拔地区工作的职工，符合条件的可以申请提前退休。

第九条 国家建立居家社区机构相协调、医养康养相结合的养老服务体系，大力发展普惠托育服务体系。

附件：

1. 男职工延迟法定退休年龄对照表
2. 原法定退休年龄五十五周岁的女职工延迟法定退休年龄对照表
3. 原法定退休年龄五十周岁的女职工延迟法定退休年龄对照表
4. 提高最低缴费年限情况表

附件1：

男职工延迟法定退休年龄对照表

延迟法定退休年龄每4个月延迟1个月				延迟法定退休年龄每4个月延迟1个月			
出生时间	改革后法定退休年龄	改革后退休时间	延迟月数	出生时间	改革后法定退休年龄	改革后退休时间	延迟月数
1965年1月	60岁1个月	2025年2月	1	1966年1月	60岁4个月	2026年5月	4
1965年2月		2025年3月		1966年2月		2026年6月	
1965年3月		2025年4月		1966年3月		2026年7月	
1965年4月		2025年5月		1966年4月		2026年8月	
1965年5月	60岁2个月	2025年7月	2	1966年5月	60岁5个月	2026年10月	5
1965年6月		2025年8月		1966年6月		2026年11月	
1965年7月		2025年9月		1966年7月		2026年12月	
1965年8月		2025年10月		1966年8月		2027年1月	
1965年9月	60岁3个月	2025年12月	3	1966年9月	60岁6个月	2027年3月	6
1965年10月		2026年1月		1966年10月		2027年4月	
1965年11月		2026年2月		1966年11月		2027年5月	
1965年12月		2026年3月		1966年12月		2027年6月	

续表

延迟法定退休年龄每4个月延迟1个月				延迟法定退休年龄每4个月延迟1个月			
出生时间	改革后法定退休年龄	改革后退休时间	延迟月数	出生时间	改革后法定退休年龄	改革后退休时间	延迟月数
1967年1月	60岁7个月	2027年8月	7	1969年1月	61岁1个月	2030年2月	13
1967年2月		2027年9月		1969年2月		2030年3月	
1967年3月		2027年10月		1969年3月		2030年4月	
1967年4月		2027年11月		1969年4月		2030年5月	
1967年5月	60岁8个月	2028年1月	8	1969年5月	61岁2个月	2030年7月	14
1967年6月		2028年2月		1969年6月		2030年8月	
1967年7月		2028年3月		1969年7月		2030年9月	
1967年8月		2028年4月		1969年8月		2030年10月	
1967年9月	60岁9个月	2028年6月	9	1969年9月	61岁3个月	2030年12月	15
1967年10月		2028年7月		1969年10月		2031年1月	
1967年11月		2028年8月		1969年11月		2031年2月	
1967年12月		2028年9月		1969年12月		2031年3月	
1968年1月	60岁10个月	2028年11月	10	1970年1月	61岁4个月	2031年5月	16
1968年2月		2028年12月		1970年2月		2031年6月	
1968年3月		2029年1月		1970年3月		2031年7月	
1968年4月		2029年2月		1970年4月		2031年8月	
1968年5月	60岁11个月	2029年4月	11	1970年5月	61岁5个月	2031年10月	17
1968年6月		2029年5月		1970年6月		2031年11月	
1968年7月		2029年6月		1970年7月		2031年12月	
1968年8月		2029年7月		1970年8月		2032年1月	
1968年9月	61岁	2029年9月	12	1970年9月	61岁6个月	2032年3月	18
1968年10月		2029年10月		1970年10月		2032年4月	
1968年11月		2029年11月		1970年11月		2032年5月	
1968年12月		2029年12月		1970年12月		2032年6月	

续表

延迟法定退休年龄每4个月延迟1个月				延迟法定退休年龄每4个月延迟1个月			
出生时间	改革后法定退休年龄	改革后退休时间	延迟月数	出生时间	改革后法定退休年龄	改革后退休时间	延迟月数
1971年1月	61岁7个月	2032年8月	19	1973年1月	62岁1个月	2035年2月	25
1971年2月		2032年9月		1973年2月		2035年3月	
1971年3月		2032年10月		1973年3月		2035年4月	
1971年4月		2032年11月		1973年4月		2035年5月	
1971年5月	61岁8个月	2033年1月	20	1973年5月	62岁2个月	2035年7月	26
1971年6月		2033年2月		1973年6月		2035年8月	
1971年7月		2033年3月		1973年7月		2035年9月	
1971年8月		2033年4月		1973年8月		2035年10月	
1971年9月	61岁9个月	2033年6月	21	1973年9月	62岁3个月	2035年12月	27
1971年10月		2033年7月		1973年10月		2036年1月	
1971年11月		2033年8月		1973年11月		2036年2月	
1971年12月		2033年9月		1973年12月		2036年3月	
1972年1月	61岁10个月	2033年11月	22	1974年1月	62岁4个月	2036年5月	28
1972年2月		2033年12月		1974年2月		2036年6月	
1972年3月		2034年1月		1974年3月		2036年7月	
1972年4月		2034年2月		1974年4月		2036年8月	
1972年5月	61岁11个月	2034年4月	23	1974年5月	62岁5个月	2036年10月	29
1972年6月		2034年5月		1974年6月		2036年11月	
1972年7月		2034年6月		1974年7月		2036年12月	
1972年8月		2034年7月		1974年8月		2037年1月	
1972年9月	62岁	2034年9月	24	1974年9月	62岁6个月	2037年3月	30
1972年10月		2034年10月		1974年10月		2037年4月	
1972年11月		2034年11月		1974年11月		2037年5月	
1972年12月		2034年12月		1974年12月		2037年6月	

续表

延迟法定退休年龄每4个月延迟1个月				延迟法定退休年龄每4个月延迟1个月			
出生时间	改革后法定退休年龄	改革后退休时间	延迟月数	出生时间	改革后法定退休年龄	改革后退休时间	延迟月数
1975年1月	62岁7个月	2037年8月	31	1976年1月	62岁10个月	2038年11月	34
1975年2月		2037年9月		1976年2月		2038年12月	
1975年3月		2037年10月		1976年3月		2039年1月	
1975年4月		2037年11月		1976年4月		2039年2月	
1975年5月	62岁8个月	2038年1月	32	1976年5月	62岁11个月	2039年4月	35
1975年6月		2038年2月		1976年6月		2039年5月	
1975年7月		2038年3月		1976年7月		2039年6月	
1975年8月		2038年4月		1976年8月		2039年7月	
1975年9月	62岁9个月	2038年6月	33	1976年9月	63岁	2039年9月	36
1975年10月		2038年7月		1976年10月		2039年10月	
1975年11月		2038年8月		1976年11月		2039年11月	
1975年12月		2038年9月		1976年12月		2039年12月	

附件2：

原法定退休年龄五十五周岁的女职工延迟法定退休年龄对照表

延迟法定退休年龄每4个月延迟1个月				延迟法定退休年龄每4个月延迟1个月			
出生时间	改革后法定退休年龄	改革后退休时间	延迟月数	出生时间	改革后法定退休年龄	改革后退休时间	延迟月数
1970年1月	55岁1个月	2025年2月	1	1970年5月	55岁2个月	2025年7月	2
1970年2月		2025年3月		1970年6月		2025年8月	
1970年3月		2025年4月		1970年7月		2025年9月	
1970年4月		2025年5月		1970年8月		2025年10月	

续表

延迟法定退休年龄每4个月延迟1个月				延迟法定退休年龄每4个月延迟1个月			
出生时间	改革后法定退休年龄	改革后退休时间	延迟月数	出生时间	改革后法定退休年龄	改革后退休时间	延迟月数
1970年9月	55岁3个月	2025年12月	3	1972年9月	55岁9个月	2028年6月	9
1970年10月		2026年1月		1972年10月		2028年7月	
1970年11月		2026年2月		1972年11月		2028年8月	
1970年12月		2026年3月		1972年12月		2028年9月	
1971年1月	55岁4个月	2026年5月	4	1973年1月	55岁10个月	2028年11月	10
1971年2月		2026年6月		1973年2月		2028年12月	
1971年3月		2026年7月		1973年3月		2029年1月	
1971年4月		2026年8月		1973年4月		2029年2月	
1971年5月	55岁5个月	2026年10月	5	1973年5月	55岁11个月	2029年4月	11
1971年6月		2026年11月		1973年6月		2029年5月	
1971年7月		2026年12月		1973年7月		2029年6月	
1971年8月		2027年1月		1973年8月		2029年7月	
1971年9月	55岁6个月	2027年3月	6	1973年9月	56岁	2029年9月	12
1971年10月		2027年4月		1973年10月		2029年10月	
1971年11月		2027年5月		1973年11月		2029年11月	
1971年12月		2027年6月		1973年12月		2029年12月	
1972年1月	55岁7个月	2027年8月	7	1974年1月	56岁1个月	2030年2月	13
1972年2月		2027年9月		1974年2月		2030年3月	
1972年3月		2027年10月		1974年3月		2030年4月	
1972年4月		2027年11月		1974年4月		2030年5月	
1972年5月	55岁8个月	2028年1月	8	1974年5月	56岁2个月	2030年7月	14
1972年6月		2028年2月		1974年6月		2030年8月	
1972年7月		2028年3月		1974年7月		2030年9月	
1972年8月		2028年4月		1974年8月		2030年10月	

续表

延迟法定退休年龄每4个月延迟1个月				延迟法定退休年龄每4个月延迟1个月			
出生时间	改革后法定退休年龄	改革后退休时间	延迟月数	出生时间	改革后法定退休年龄	改革后退休时间	延迟月数
1974年9月	56岁3个月	2030年12月	15	1976年9月	56岁9个月	2033年6月	21
1974年10月		2031年1月		1976年10月		2033年7月	
1974年11月		2031年2月		1976年11月		2033年8月	
1974年12月		2031年3月		1976年12月		2033年9月	
1975年1月	56岁4个月	2031年5月	16	1977年1月	56岁10个月	2033年11月	22
1975年2月		2031年6月		1977年2月		2033年12月	
1975年3月		2031年7月		1977年3月		2034年1月	
1975年4月		2031年8月		1977年4月		2034年2月	
1975年5月	56岁5个月	2031年10月	17	1977年5月	56岁11个月	2034年4月	23
1975年6月		2031年11月		1977年6月		2034年5月	
1975年7月		2031年12月		1977年7月		2034年6月	
1975年8月		2032年1月		1977年8月		2034年7月	
1975年9月	56岁6个月	2032年3月	18	1977年9月	57岁	2034年9月	24
1975年10月		2032年4月		1977年10月		2034年10月	
1975年11月		2032年5月		1977年11月		2034年11月	
1975年12月		2032年6月		1977年12月		2034年12月	
1976年1月	56岁7个月	2032年8月	19	1978年1月	57岁1个月	2035年2月	25
1976年2月		2032年9月		1978年2月		2035年3月	
1976年3月		2032年10月		1978年3月		2035年4月	
1976年4月		2032年11月		1978年4月		2035年5月	
1976年5月	56岁8个月	2033年1月	20	1978年5月	57岁2个月	2035年7月	26
1976年6月		2033年2月		1978年6月		2035年8月	
1976年7月		2033年3月		1978年7月		2035年9月	
1976年8月		2033年4月		1978年8月		2035年10月	

续表

延迟法定退休年龄每4个月延迟1个月				延迟法定退休年龄每4个月延迟1个月			
出生时间	改革后法定退休年龄	改革后退休时间	延迟月数	出生时间	改革后法定退休年龄	改革后退休时间	延迟月数
1978年9月	57岁3个月	2035年12月	27	1980年5月	57岁8个月	2038年1月	32
1978年10月		2036年1月		1980年6月		2038年2月	
1978年11月		2036年2月		1980年7月		2038年3月	
1978年12月		2036年3月		1980年8月		2038年4月	
1979年1月	57岁4个月	2036年5月	28	1980年9月	57岁9个月	2038年6月	33
1979年2月		2036年6月		1980年10月		2038年7月	
1979年3月		2036年7月		1980年11月		2038年8月	
1979年4月		2036年8月		1980年12月		2038年9月	
1979年5月	57岁5个月	2036年10月	29	1981年1月	57岁10个月	2038年11月	34
1979年6月		2036年11月		1981年2月		2038年12月	
1979年7月		2036年12月		1981年3月		2039年1月	
1979年8月		2037年1月		1981年4月		2039年2月	
1979年9月	57岁6个月	2037年3月	30	1981年5月	57岁11个月	2039年4月	35
1979年10月		2037年4月		1981年6月		2039年5月	
1979年11月		2037年5月		1981年7月		2039年6月	
1979年12月		2037年6月		1981年8月		2039年7月	
1980年1月	57岁7个月	2037年8月	31	1981年9月	58岁	2039年9月	36
1980年2月		2037年9月		1981年10月		2039年10月	
1980年3月		2037年10月		1981年11月		2039年11月	
1980年4月		2037年11月		1981年12月		2039年12月	

附件3：

原法定退休年龄五十周岁的女职工延迟法定退休年龄对照表

延迟法定退休年龄每2个月延迟1个月				延迟法定退休年龄每2个月延迟1个月			
出生时间	改革后法定退休年龄	改革后退休时间	延迟月数	出生时间	改革后法定退休年龄	改革后退休时间	延迟月数
1975年1月	50岁1个月	2025年2月	1	1977年1月	51岁1个月	2028年2月	13
1975年2月		2025年3月		1977年2月		2028年3月	
1975年3月	50岁2个月	2025年5月	2	1977年3月	51岁2个月	2028年5月	14
1975年4月		2025年6月		1977年4月		2028年6月	
1975年5月	50岁3个月	2025年8月	3	1977年5月	51岁3个月	2028年8月	15
1975年6月		2025年9月		1977年6月		2028年9月	
1975年7月	50岁4个月	2025年11月	4	1977年7月	51岁4个月	2028年11月	16
1975年8月		2025年12月		1977年8月		2028年12月	
1975年9月	50岁5个月	2026年2月	5	1977年9月	51岁5个月	2029年2月	17
1975年10月		2026年3月		1977年10月		2029年3月	
1975年11月	50岁6个月	2026年5月	6	1977年11月	51岁6个月	2029年5月	18
1975年12月		2026年6月		1977年12月		2029年6月	
1976年1月	50岁7个月	2026年8月	7	1978年1月	51岁7个月	2029年8月	19
1976年2月		2026年9月		1978年2月		2029年9月	
1976年3月	50岁8个月	2026年11月	8	1978年3月	51岁8个月	2029年11月	20
1976年4月		2026年12月		1978年4月		2029年12月	
1976年5月	50岁9个月	2027年2月	9	1978年5月	51岁9个月	2030年2月	21
1976年6月		2027年3月		1978年6月		2030年3月	
1976年7月	50岁10个月	2027年5月	10	1978年7月	51岁10个月	2030年5月	22
1976年8月		2027年6月		1978年8月		2030年6月	
1976年9月	50岁11个月	2027年8月	11	1978年9月	51岁11个月	2030年8月	23
1976年10月		2027年9月		1978年10月		2030年9月	
1976年11月	51岁	2027年11月	12	1978年11月	52岁	2030年11月	24
1976年12月		2027年12月		1978年12月		2030年12月	

续表

延迟法定退休年龄每 2 个月延迟 1 个月				延迟法定退休年龄每 2 个月延迟 1 个月			
出生时间	改革后法定退休年龄	改革后退休时间	延迟月数	出生时间	改革后法定退休年龄	改革后退休时间	延迟月数
1979 年 1 月	52 岁 1 个月	2031 年 2 月	25	1981 年 3 月	53 岁 2 个月	2034 年 5 月	38
1979 年 2 月		2031 年 3 月		1981 年 4 月		2034 年 6 月	
1979 年 3 月	52 岁 2 个月	2031 年 5 月	26	1981 年 5 月	53 岁 3 个月	2034 年 8 月	39
1979 年 4 月		2031 年 6 月		1981 年 6 月		2034 年 9 月	
1979 年 5 月	52 岁 3 个月	2031 年 8 月	27	1981 年 7 月	53 岁 4 个月	2034 年 11 月	40
1979 年 6 月		2031 年 9 月		1981 年 8 月		2034 年 12 月	
1979 年 7 月	52 岁 4 个月	2031 年 11 月	28	1981 年 9 月	53 岁 5 个月	2035 年 2 月	41
1979 年 8 月		2031 年 12 月		1981 年 10 月		2035 年 3 月	
1979 年 9 月	52 岁 5 个月	2032 年 2 月	29	1981 年 11 月	53 岁 6 个月	2035 年 5 月	42
1979 年 10 月		2032 年 3 月		1981 年 12 月		2035 年 6 月	
1979 年 11 月	52 岁 6 个月	2032 年 5 月	30	1982 年 1 月	53 岁 7 个月	2035 年 8 月	43
1979 年 12 月		2032 年 6 月		1982 年 2 月		2035 年 9 月	
1980 年 1 月	52 岁 7 个月	2032 年 8 月	31	1982 年 3 月	53 岁 8 个月	2035 年 11 月	44
1980 年 2 月		2032 年 9 月		1982 年 4 月		2035 年 12 月	
1980 年 3 月	52 岁 8 个月	2032 年 11 月	32	1982 年 5 月	53 岁 9 个月	2036 年 2 月	45
1980 年 4 月		2032 年 12 月		1982 年 6 月		2036 年 3 月	
1980 年 5 月	52 岁 9 个月	2033 年 2 月	33	1982 年 7 月	53 岁 10 个月	2036 年 5 月	46
1980 年 6 月		2033 年 3 月		1982 年 8 月		2036 年 6 月	
1980 年 7 月	52 岁 10 个月	2033 年 5 月	34	1982 年 9 月	53 岁 11 个月	2036 年 8 月	47
1980 年 8 月		2033 年 6 月		1982 年 10 月		2036 年 9 月	
1980 年 9 月	52 岁 11 个月	2033 年 8 月	35	1982 年 11 月	54 岁	2036 年 11 月	48
1980 年 10 月		2033 年 9 月		1982 年 12 月		2036 年 12 月	
1980 年 11 月	53 岁	2033 年 11 月	36	1983 年 1 月	54 岁 1 个月	2037 年 2 月	49
1980 年 12 月		2033 年 12 月		1983 年 2 月		2037 年 3 月	
1981 年 1 月	53 岁 1 个月	2034 年 2 月	37	1983 年 3 月	54 岁 2 个月	2037 年 5 月	50
1981 年 2 月		2034 年 3 月		1983 年 4 月		2037 年 6 月	

续表

延迟法定退休年龄每2个月延迟1个月				延迟法定退休年龄每2个月延迟1个月			
出生时间	改革后法定退休年龄	改革后退休时间	延迟月数	出生时间	改革后法定退休年龄	改革后退休时间	延迟月数
1983年5月	54岁3个月	2037年8月	51	1983年11月	54岁6个月	2038年5月	54
1983年6月		2037年9月		1983年12月		2038年6月	
1983年7月	54岁4个月	2037年11月	52	1984年1月	54岁7个月	2038年8月	55
1983年8月		2037年12月		1984年2月		2038年9月	
1983年9月	54岁5个月	2038年2月	53	1984年3月	54岁8个月	2038年11月	56
1983年10月		2038年3月		1984年4月		2038年12月	

附件4：

提高最低缴费年限情况表

年份	当年最低缴费年限
2025年	15年
2026年	15年
2027年	15年
2028年	15年
2029年	15年
2030年	15年+6个月
2031年	16年
2032年	16年+6个月
2033年	17年
2034年	17年+6个月
2035年	18年
2036年	18年+6个月
2037年	19年
2038年	19年+6个月
2039年	20年

附录二　实用图表

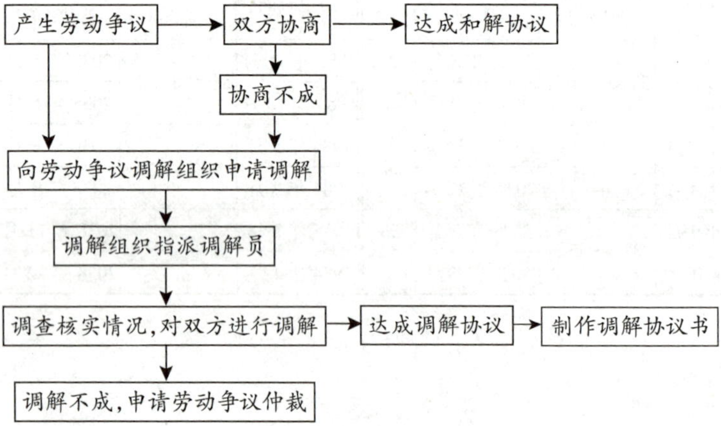

劳动争议调解流程图

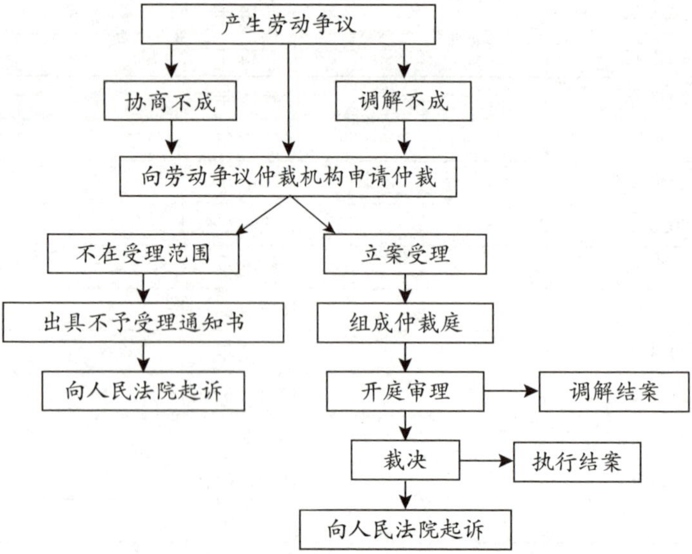

劳动争议仲裁流程图